JN007611

今すぐコミュニケーションに
磨きがかかる600例文

Supercharge your communication!
600 sentences to refine your skills

会話を洗練させる
英語表現集

ビル・ベンフィールド 著

長尾和夫 訳

三修社

Preface

　この本の目的はみなさんが使える表現の幅を広げ、より熟練した多彩な英語の話者となっていただくことを手助けすることです。本書は、情報についてたずねるような基本的な機能表現から、仮定表現のようなより複雑なものまで、**日常会話で頻繁に生じる50のテーマで幅広い英語表現群を収載**しました。

　各ユニットはふたつのセクションから構成されています。ひとつ目の**セクション（1・Check the Phrases）では、No.01〜No.50の各ユニットのテーマに関連した複数の表現群を紹介**し、それらがいつどのように用いられるかの解説を加えました。さらに、表現の丁寧度に関するコメントやよく用いられる代替表現などにも触れています。**2番目のセクション（2・Fill-in-the-Blank Training）では、実際の生活の中でこれらの表現がどのように用いられるのかがわかるよう、12の例文で穴埋め英作文問題を掲載**しましたが、ここではビジネス面での表現に重きを置きました。表現の語調は、シンプルでカジュアルなものからもっともフォーマルで丁寧なものまで、みなさんが必要とするであろうものを幅広く揃えました。

　本書を読むときには、必ずしも最初の1ページ目から各ユニットを順に読み進める必要はありません。みなさんにとって重要、あるいは興味が持てると思われるトピックを選んでコンテンツ学習を進め、多様な状況で英語がどのように使われるのかという感覚を身につけることを心がけていただければと思います。

Bill Benfield

How to Use This Book

A —— 1章(基本表現26)と2章(こなれた表現24)を合わせて50の機能に分かれています。

B —— 1・Check the Phrases で機能に関する説明(ないこともあります)を確認しましょう。

C —— 機能ごとに4〜11のキーフレーズがあります。

D —— 類似表現や置き換えなどの表現バリエーションも豊富です。

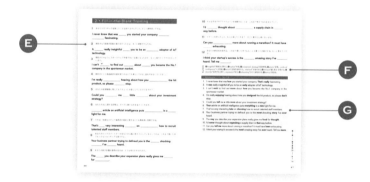

E —— 1・Check the Phrases で学んだ表現を 2・Fill-in-the-Blank Training で、訳を参考にしながら練習しましょう。穴埋め英作文形式なので、しっかり定着できる！各12例文、計600例文掲載しています。

F —— ヒントを参考にしてもしなくてもOKです。

G —— Eの答えです。この例文と音声を使ってスピーキングトレーニングするのもいいです。Eの問題が難しいと感じる人は、Gと音声を使ってスピーキングトレーニングから始めてみるのもいいでしょう。

本書には目次と機能別索引(50音順)のふた通りの掲載リストがあります。**英語表現をひと通り学習したい方は目次順に、明確な目的があり、特定の機能表現を調べたい・学習したい方はキーフレーズがすべて掲載されている機能別索引を利用して学習すると便利です。**

CONTENTS

1 章　基本表現26

2 章　こなれた表現24

洗練された英語の
コミュニケーターになるには

　本書の内容のより詳細な説明に入る前に、ひとつ申し上げておくべきことがあります。私はロンドンで生まれ育ち、英国英語のネイティヴ話者です。すでに本書のユニットのいくつかに少し目を通されたみなさんは本書の英語がアメリカ式であることにお気づきになられたかもしれません。しかしながら、これは本書がアメリカの英語を基礎にしているという訳ではありません。このスタイルを選択した主たる理由は、アメリカ英語の綴りや句読法が、日本の英語教材ではより一般的であるからです。

　アメリカ英語と英国英語に、かなりの違いがあることは間違いありません。歴史的に言えば、広い大西洋が英米2カ国を隔てており、数世紀に渡って迅速なコミュニケーションを行う手段がなかったため、英語がふたつのバージョンに分岐することは避けられないことでした。さらに、言語が新たな環境に置かれるとき、言語はその新しい家の社会的、地理的、文化的な現実を反映するように必然的に適応してゆきます。例えば、アメリカ英語は、多国籍から成る人口構成の強い影響を受け、スペイン語、ドイツ語、オランダ語などの言語から新しい単語を取り込みました。それだけでなく、非ネイティヴの人同士がコミュニケーションするために言語が用いられるときには、より直接的でインフォーマルなものになりがちですが、それこそがアメリカ英語の大きな特徴なのです。

もうひとつのアメリカ英語の変化における大きな要因は、特に綴り字に関する限り、19世紀の偉大な辞書学者であったノア・ウェブスターという人物でした。彼は世界的に有名な*Webster's Dictionary*の作者です。彼は、伝統的な英語の綴りがあまりにも複雑すぎるため、実際に発音される英語により近いものに一致するように変えなければならないと強く確信していました。アメリカ英語が "color" のような単語の "u" を落としたり、"modernize" という単語の接尾辞として "-ise" ではなく "-ize" を用いたりするのは、ウェブスターの影響によるものなのです。

　世界中の英語の多くのバリエーションを考慮に入れると、バリエーション同士の間に発音、綴り、語彙に、いくらか重要な違いがあることは否定できません。しかし、だからと言って、これはどれほど重大な問題なのでしょうか？ 特に私たちの超密接な世界における20世紀を通してのマスコミの急速な発展に伴って、人々は頻繁に異なるバリエーションの言語に晒され、どんどん気楽にそれらに接するようになってきています。すべての主要な英語のバリエーションは相互に理解可能であると言ってもいいと私は思っています。すなわち、彼らが彼ら自身の言語の標準的な形式で会話しているのであれば、主要な英語圏の国から来たネイティヴ話者が別の英語圏の国から来たネイティヴ話者とコミュニケーションするのには、まったくなんの支障もないだろうということです。実際、おそらく彼らは、自国のよく知られていない地域方言の話者に対するほうが、より

大きな苦労をすることでしょう。

　しかし、あるひとつの英語のバリエーションが、他のバリエーションよりも「洗練されている」のでしょうか？　学者にとっては、これはなんの意味もありません。専門家たちの標準的な言語の見方は、どの形態の言語もほかの形態より本来的に優れている訳ではないというものです。なぜなら言語は、それを話す人々のニーズを反映するように変化するダイナミックな体系であるからです。しかしながら、人々の主観的な言語に関する認識となると、完全にまったく別の話になります。例えば、20世紀半ばの早い時期に、英国人が映画や録音された音楽、テレビ番組を通して初めてアメリカ英語に接したとき、アメリカ英語の直接性やインフォーマル性、そしてカラフルな表現群に魅了された多くの人々にとって、それは新鮮な息吹と映りました。しかしながら、多くのアメリカ人が英国英語と出会ったときには、正反対の反応を起こしました。比較的若い国であるアメリカの多くの人々にとって、英国英語は儀礼や安定性、伝統という安堵感を保った生き方を反映しているように思われました。アメリカ人は英国英語をより「洗練されたもの」であると思ったと言ってもいいのかもしれません。

　私の見解は、言語は確かに「洗練され」得るものだけれども、その言語がどこから出たものであるかは無関係です。私ならば、**洗練された言語の話者を、異なる状況においてどのような言葉が相応しいか認識している人であると定義します。**このスキルには、社会的、文化的な慣習に関する知識や感受性とと

もに、適切な表現を幅広く蓄積することが必要となります。言い換えれば、**言語における洗練とは一層多くのフォーマルでエレガントな話し方を知っているという問題ではなく、非常にインフォーマルな「うん、もちろん（Yes, sure.）」から、極度にフォーマルな「心の底からよろこんで（I would be absolutely delighted to.）」まで、相応しいことを相応しいときに話す能力**なのです。

　みなさんが本書で見つける多様な表現は、どの特定の英語バリエーションでもありません。多岐に渡る社会的状況において、適切かつ明確にコミュニケーションを処理するときに英語の話者が行う多くの方法を、それらがもっともうまく表現したため選ばれたものです。日本語と異なり、フォーマルな言葉でコミュニケーションを取るための「敬語」のような特別な言語形態がありません。しかしながら、これは丁寧でフォーマルになるための手段を英語が欠いているということではありません。英語は、同様の結果を得るために単に異なる方法を用いるのです。そしてその多くは各ユニットの最初のセクションで説明されています。

　より洗練された英語のコミュニケーターになるための、みなさんの旅において、本書に収載されている表現が、みなさんが必要とする手段を提供してくれることを心から願っています。

1章

基本表現 26

洗練された英語コミュニケーターに
なるための基本26の表現。
会話でもメールでも
この表現を使いこなせば、まずはOK!

Asking for Clarification

確認する

1・Check the Phrases

1

Sorry, what was that?

ごめん、なんだって？

短いセンテンスで**かなりカジュアル**なので、非常によく知っている相手に向かってのみ使うべきです。例えば、友人や家族などです。こういったインフォーマルな表現は近しい関係の同僚には使うことができますが、上司やほかの組織の職員などに対して使うべきではありません。

2

Sorry, but I'm afraid I'm not following.

すみません、申し訳ないけどよくわかりません

確認の表現は、この例のように必ずしも疑問文の形を取る必要はありません。このような平叙文を使った確認表現は一般的にもよく用いられます。

類似表現
- **I'm afraid you (rather) lost me there.**
  （すみません、ちょっとよくわからないのですが）
- **I'm sorry, but I'm afraid I didn't quite get your point.**
  （すみませんが、おっしゃたことがよくわかりません）※もう少々丁寧

sorry と I'm afraid が同時に用いられると、丁寧度が上がることも確認しましょう。

3

Would you mind if we (just) cleared up a couple of points?

［ちょっと］いくつかの点をはっきりさせていただいてよろしいでしょうか？

これは**かなりフォーマル**で、現在形の表現を用いるよりも婉曲な言い方になります。これを Do you mind if... でスタートする文に変えると、よりニュートラルな表現になります。また just は直接性を低くするためだけの語で大きな

意味はないので、省略しても構いません。また、Would you mind... の前に、I'm
sorry, but... を置くと、さらに丁寧な響きを出すことができます。

④

I regret to say I'm not familiar with that idea. Could you break it down for me?

恐縮ですが、そのアイデアに馴染みがありません。わかりやすく教えて
いただけますか？

I regret to say... や I regret that... は、I'm sorry...（すみませんが…）のよりフォーマ
ルな形と言えます。日本語では「遺憾なのですが…」や「恐縮ですが…」など
に相当すると考えるといいでしょう。ここで挙げた例が示すように、**なにかを
確認したいときに２センテンスを用いることは、英語では非常によく使われる
戦略と言えます。**

⑤

I'm not sure (if) I caught all of that. I wonder if you could go over it once more.

全部理解できたか、わかりません。もう一度繰り返していただくことはできる
でしょうか

こちらも２センテンスの文で、さらに丁寧に聞き返すときに使えます。特に、
より直接的な I didn't catch... ではなく、I'm not sure (if) I caught... を使っている
点、また疑問文の Could you... ではなく、I wonder if you could... の形を使って
いる点によって、より婉曲的な確認表現となっています。

2 · Fill-in-the-Blank Training

1 いまひとつ理解できていません。御社の原価のお見積りの数字の詳細を教えていただくことはできますでしょうか？

I'm _____ quite _____ you. Would you mind _____ down the figures in your costing estimates?

2 すみませんが、その点が少々理解できていません。ちょっと予算案のおもな点を繰り返していただけますか？

I'm afraid you _____ me a bit _____. Could you quickly _____ the main points of the budget plan?

3 すみません、恐縮ですがなにか見逃したに違いありません。新規プラント（工場）のオープンに関するあなたの見解を繰り返していただけますか？

Sorry, I'm _____ I must have missed something. Could _____ _____ your remarks on opening the new plant?

4 ごめん、新しい仕事のスケジュールに関して君がさっき言ってたことってなんだっけ？

Sorry, _____ _____ that you just said about the new work schedule?

5 申し訳ないんですが、新しい人事部長についてあなたがいま言ったことがわからなかったんですが。

_____ afraid I didn't _____ what you just said about the new _____ of HR.

6 あなたの新たな投資を探る計画についてあまりよくわかっていません。もう一度、拝見させていただいてもよろしいでしょうか？

_____ _____ quite clear on your plans for sourcing new investment. Would you mind ___ we took another look?

7 申し訳ないのですが、資金繰りの問題に関するご説明のポイントを聞き逃しました。要約していただけますか？

I'm sorry _____ say _____ I missed the point of your explanation about the cash flow problem. Could you summarize it, _____?

8 コストの詳細全部を理解できたかどうかわかりません。もう一度繰り返していただくことはできるでしょうか。

I'm not _____ I caught all of the costing details. I wonder _____ you _____ go over them once more.

9 すみません、あなたの契約についての説明がよくわかりません。

Sorry, I'm _____ _____ your explanation of the _____.

10 すみませんが、契約書の2(b) の項を明確にしていただくことはできるでしょうか？

I'm sorry, _____ would you _____ clarifying clause 2(b) of the contract?

11 恐縮ですが、あなたの報告書の中の頭字語がよくわかりません。ご説明いただくことはできるでしょうか？

I regret to say _____ I'm _____ with some of the acronyms in your report. Could you perhaps _____ them?

12 ご提案の冒頭に戻っていただくことはできるでしょうか？

Do you _____ if we circle _____ to the beginning of your proposal?

❶break down「(数字などを)細分化する」, costing「原価計算」❸remark「言及；見解」, plant「工場施設」❹ schedule「スケジュール」❺HR「人事部」❻source「可能性を探る；当たりをつける」, investment「投資」❼cash flow「資金繰り」❽detail「詳細」❿clarify「明らかにする；明瞭化する」, clause「条項」⓫acronym「頭字語」, perhapsには断定を弱め控えめにする働きがある。

Answers — DL-01

1. I'm **not** quite **with** you. Would you mind **breaking** down the figures in your costing estimates?
2. I'm afraid you **lost** me a bit **there**. Could you quickly **reiterate** the main points of the budget plan?
3. Sorry, I'm **afraid** I must have missed something. Could **you repeat** your remarks on opening the new plant?
4. Sorry, **what was** that you just said about the new work schedule?
5. **I'm** afraid I didn't **catch** what you just said about the new **head** of HR.
6. **I'm not** quite clear on your plans for sourcing new investment. Would you mind **if we** took another look?
7. I'm sorry **to** say **that** I missed the point of your explanation about the cash flow problem. Could you summarize it, **please**?
8. I'm not **sure** I caught all of the costing details. I wonder **if** you **could** go over them once more.
9. Sorry, I'm **not following** your explanation of the **contract**.
10. I'm sorry, **but** would you **mind** clarifying clause 2(b) of the contract?
11. I regret to say **that** I'm **unfamiliar** with some of the acronyms in your report. Could you perhaps **explain** them?
12. Do you **mind** if we circle **back** to the beginning of your proposal?

02 Interrupting Somebody

話に割り込む

1・Check the Phrases

会話の途中で話に割り込んだり、口を挟んだりすることが必要になる場合がありますが、間違ったやり方をしてしまうと、ぶしつけになったり、無神経だと思われてしまいます。話に割り込むときには、声を丁寧なトーンに保つことが重要です。また、相手が話しているときに無理やり割り込まないように、適切なタイミングを見計らうように心がけなければなりません。口を挟む十分な理由がある場合や、失礼に繰り返し口を挟んだりしなければ、会話の途中で割り込んでも批判されることはないでしょう。また、自分自身が話に割り込むのと同様に、相手も自由に口を挟むことができることも忘れないようにしましょう。

1

Pardon me, but...

すみませんが…

Pardon me... というお詫びの言葉と but を組み合わせれば、シンプルですが丁寧に相手の話に口を挟む表現になります。

類似
表現
● **Excuse me, but.../I'm sorry, but...**
※I'm を省いて Sorry, but... とすると、少々インフォーマル度が上がります。

2

(I'm) sorry to interrupt but...

口を挟んですみませんが…

interrupt という動詞を使うと、いくぶんダイレクトな感じがしますが、その前に (I'm) sorry to... というお詫びのフレーズがあるため、直接性を和らげることができます。

類似
表現
● **Pardon/Excuse me for interrupting, but...**

3

I'm just going to stop you there for a moment.

ちょっとそこでストップしてもらうよ

これは相手の話に割って入る表現の中でも非常に直接的でかなり失礼な感じになります。たとえこの表現の前に (I'm) sorry/Excuse me, but... などがあったとしても同じです。これに類した表現を使うと、相手よりも自分のほうが立場上優位であり、相手の話を強制的に止めて自分が話をする権利があることを示すことになってしまいます。言うまでもありませんが、この表現は特別な注意を払って使用する必要があります。

4

Sorry to cut in, but...

割り込んですみませんが…

interrupt（妨げる）という直接的な語を避けて cut in（割り込む）という**婉曲的な表現を用いることで、表現を和らげる**ことができます。cut in のほうが interrupt よりも間接的な表現になるということです。

類似表現

● **Can I just jump in here for a moment?**（ここでちょっと割り込んでもいいですか？）

5

If I may interject at this point...

ここで言葉を差し挟ませていただいてよろしければ…

これは口を挟むときの**非常にフォーマルな表現**です。If I may...（…してよろしければ）は Can/Could/May I... などの代わりに用いることができる非常に丁寧な響きの言い方です。interject は「口を挟む」という意味の動詞ですが、日常会話では滅多に使用されない語で、正式なディベートや会議で用いられるものです。

2 · Fill-in-the-Blank Training

1 口を挟みたくはないけれど、私はその件でちょっと違う見方をしています。

I don't _____ _____ interrupt, _____ I see the matter a bit differently.

2 割り込んですみませんが、われわれはこの提携案に関して誤った方向へ向かっていると思います。

Sorry _____ cut _____off, but I think we're heading down the _____ path with this _____ tie-up.

3 割り込んですみませんが、総売上高についてお間違えのようです。

Sorry _____ interrupt, _____ I think you made a _____ regarding the total sales revenue.

4 口を挟んですみませんが、私はあなたの分析に完全には同意していません。

_____ me for interrupting, but I don't entirely agree _____ your _____.

5 すみませんが、ここでちょっとつけ加える必要があります。

Pardon _____, _____ there's _____ I need to add here.

6 すみませんが、あなたは重要な情報を落としていると思います。

Excuse _____, _____ I think you've _____ out an important detail.

7 ここでひとこと差し挟ませていただいてよろしければ…残りの議論に進めるように、この件に関する議論は終わりにする必要があります。

If I _____ interject _____ this point... we need to wrap up discussion on this item so that we can proceed _____ the rest of the agenda.

8 ちょっとここで割り込んでいいですか？ 実施期間についてもっとよく見る必要があると思います。

Can I just jump _____ here quickly? We need to _____ more closely _____ the time frame for implementation.

9 よろしければ、ここで割り込んでいいですか？ 私のチームではちょっと異なる収入予想を考えております。

Can I just cut _____ _____ if you don't _____? My team has come up with a slightly different income forecast.

10 遮って恐縮ですが、そのふたつの点の関連がわかりません。

Pardon the _____, but I _____ see the connection _____ those two points.

11 ちょっとそこでストップしてもらいますね。配送ロジスティックスの分析の前に、われわれは市場の状況についてはっきりさせるべきです。

I'm just _____ to _____ you there for a moment. Before _____ shipping logistics, we should be clear on market conditions.

12 ちょっとそこでストップしてもらってもいいかなあ？ 続ける前に、この新規顧客の情報をもっと出してもらう必要があると思うよ。

Do _____ _____ if I just stop you there for a moment? Before we continue, I think you need to give us _____ background on this new client.

Answers —— DL-02

1. I don't **like to** interrupt, **but** I see the matter a bit differently.
2. Sorry **to** cut **you** off, but I think we're heading down the **wrong** path with this **proposed** tie-up.
3. Sorry **to interrupt, but** I think you made a **mistake** regarding the total sales revenue.
4. **Excuse** me for interrupting, but I don't entirely agree **with** your **analysis**.
5. Pardon **me, but** there's **something** I need to add here.
6. Excuse **me, but** I think you've **left** out an important detail.
7. If I **may** interject **at** this point... we need to wrap up discussion on this item so that we can proceed **with** the rest of the agenda.
8. Can I just jump **in** here quickly? We need to **look** more closely **at** the time frame for implementation.
9. Can I just cut **in here** if you don't **mind**? My team has come up with a slightly different income forecast.
10. Pardon the **interruption,** but I **can't** see the connection **between** those two points.
11. I'm just **going** to **stop** you there for a moment. Before **analyzing** shipping logistics, we should be clear on market conditions.
12. Do **you mind** if I just stop you there for a moment? Before we continue, I think you need to give us **more** background on this new client.

03 Availability

都合をたずねる

1・Check the Phrases

❶

Are you free on... to〜? …に〜する時間はある？

相手の都合をたずねるときのもっともシンプルな表現です。現在形を用いている点でかなり直接的な質問であることがわかります。よく知っている人や、仕事上立場が同等、あるいは目下に当たる人などに対して使いましょう。by any chance（もしかして）をつけ加えると、もう少々丁寧な言い回しにできます。

❷

Would you be available on... to〜? …に〜することはできますか？

Would you be...? で相手との距離感が増すため、❶よりもう少し丁寧な言い回しです。また、available は free よりフォーマル度の高い語です。さらに丁寧にしたければ、Would you happen to be...（ひょっとして…ですか？）とするといいでしょう。

❸

Do you think you might have some time to... on〜?

もしかして〜に…する時間はあると思いますか？

Do you think... を加えることでも相手との距離感を増やし、**丁寧度の増した表現を作る**ことができます。この表現はあまりよく知らない人物にたずねるとき、あるいは押しつけがましさを減らしたいときに使いましょう。さらに婉曲的な表現には、I was wondering if you might have some time to...（もしかして…するお時間を取っていただけるかなぁと考えていたのですが）もあります。

❹

How is your schedule looking on...?

…のあなたのスケジュールはどうですか？

これは**かなりインフォーマルな言い回し**です。ただし、人物ではなくスケジュールにフォーカスしているので、やや柔らかい響きが出せています。

20

⑤

Of course. I'd be happy/glad to... もちろん。よろこんで…しますよ

この表現はほとんどすべてのシーンで用いることができます。

⑥

Sorry, that's no good for me. 悪いけど、都合が合わないよ

都合が悪いと伝えるときの、とても**直接的でインフォーマルな響き**の表現。

類似表現 ▌● **I'm afraid that doesn't work for me.**（残念だけど都合が合わないね）

⑦

Sorry, bad timing. ごめん、タイミングが合わないね

短く**インフォーマルな言い方**のひとつです。このフレーズのあとには通常、理由を説明します。理由をつけないと、かなりぶしつけに響く可能性があります。

⑧

That's going to be a bit difficult, I'm afraid.

それはちょっと難しいですね、申し訳ない

表現に no が含まれていないため、**より間接的な言い回し**になります。さらに婉曲にしたければ、That might be...（…かもしれない）でスタートしましょう。

⑨

I'm terribly sorry, but... ほんとうに申し訳ないんですが…

断ることで相手に不便をかけてしまうと思える場面では、このような謝罪のフレーズからスタートしましょう。terribly は awfully/really としても OK です。

⑩

I'm sorry, but I already have plans.

すみませんが、すでに予定があるんです

やや漠然とした理由で返答をするセンテンス。この表現を聞いた相手がさらに突っ込んで、予定の詳細をたずねるのはかなり無礼になるので注意しましょう。

類似表現 ▌● **I'm afraid I have another commitment then.**
（残念だけど、そこはほかの約束があって）
● **Sorry, but I'm tied up then.**（ごめん、そこは［忙しくて］手が離せなくって）

1　金曜の午後に経費の報告書に目を通す時間はある？

Are you _____ _____ Friday afternoon to go _____ the expense reports?

2　土曜にサリーの送別会には出席したいんですが、その日の夕方にはすでに予定が入っているんです。

_____ love to attend Sally's leaving party on Saturday, _____ I _____ have plans for that evening.

3　もしかして今日の午後のどこかで、あなたの出張の予定を確認する短い会議をする時間はありますか？

Would you _____ to be _____ for a short meeting sometime this afternoon to _____ the itinerary for your business trip?

4　会社のコンピューターシステムの改善についての、君の提案を話し合う必要があるね。君の木曜の午前中のスケジュールはどうなっている？

We need to discuss your proposal for _____ our computer system. _____ your _____ looking on Thursday morning?

5　ビデオ会議への出席に関してですが…すみませんが、ちょっと難しいかもしれません。

About _____ the video conference... that _____ be a bit difficult, _____ afraid.

6　月曜の2時？ ごめん、都合が合わないよ。

Monday at 2:00? _____, but that _____ _____ for me.

7　今夜の君のパーティーの招待状を、さっき見たところなんだ。ごめんね、悪いけどタイミングが悪いんだ。

I _____ saw your invitation to the party tonight. _____, bad _____, I'm afraid.

8　来週のどこかで、少し人事考課を行う時間を持てる可能性はありますか？

Do you _____ you might _____ some time next week _____ conduct some performance reviews?

9　顧客との打ち合わせは重要だとわかっていますが、残念ながらあなたが提案した時間は私にとっては少々難しいのです。

I know _____ meeting the customer is important, but I'm afraid the time you suggested is going to be a _____ _____ for me.

10 非常に恐縮なのですが、今日の午後の会議を変更する方法はないんですよ。

I'm terribly _____, but _____ no _____ I can shift my afternoon meeting today.

11 もしかして2時は空いていますか？ 会社の新しい採用方針についてチャットしたいのですが。

Are you _____ at 2:00 by any _____? I'd like to _____ to you about our new recruitment policy.

12 今週集まってブレストするのはいいと思うんだが、私は毎日約束が入っているんだ。

A _____ session this week sounds good, _____ I have _____ every day.

❶expense report「経費報告書」❷leaving party「送別会」❸itinerary「旅程（表）」❹proposal「提案」❺conference「（規模の大きな）会議」❼invitation「招待（状）」❽performance review「人事考課」❾suggest「提案する」❿shift「移動する」⓫recruitment policy「採用方針」

1. Are you **free on** Friday afternoon to go **over** the expense reports?
2. **I'd** love to attend Sally's leaving party on Saturday, **but** I **already** have plans for that evening.
3. Would you **happen** to be **available** for a short meeting sometime this afternoon to **confirm** the itinerary for your business trip?
4. We need to discuss your proposal for **improving** our computer system. **How's** your **schedule** looking on Thursday morning?
5. About **attending** the video conference... that **might** be a bit difficult, **I'm** afraid.
6. Monday at 2:00? **Sorry**, but that **doesn't work** for me.
7. I **just** saw your invitation to the party tonight. **Sorry**, bad **timing**, I'm afraid.
8. Do you **think** you might **have** some time next week **to** conduct some performance reviews?
9. I know **that** meeting the customer is important, but I'm afraid the time you suggested is going to be a **bit difficult** for me.
10. I'm terribly **sorry**, but **there's** no **way** I can shift my afternoon meeting today.
11. Are you **free** at 2:00 by any **chance**? I'd like to **chat** to you about our new recruitment policy.
12. A **brainstorming** session this week sounds good, **but** I have **commitments** every day.

第1章 — 基本表現26 — No.03

04 Inviting

招待する

あまりにも熱心に招きすぎると、招待された相手のプレッシャーになる可能性
もありますので、もし断られる可能性がある場合には、より間接的な表現で招
待するほうが良いでしょう。

①

Do you want to...? …したい？

これはもっともシンプルかつ**直接的な招待フレーズ**です。くだけた響きなので、
友人や家族など、よく知っている相手に対して使うのが一般的です。

②

Let's... …しようよ

Let's... もとても**直接的な招待の仕方**です。シンプルでカジュアルな言い回しで、
相手がほぼ断ることはないだろうと思える場面でよく使います。How/What
about...?(…はどう) も同様の響きを持つ言い方です。

③

Would you like to...? …したいですか？

①に似ていますが、もう少し丁寧で**ニュートラルな響き**の言い回しです。

④

Are you free to...? …する時間ある？

こちらも**インフォーマルな表現**のひとつ。その時点で相手が忙しくないなら、
必ず受け入れてくれると考えて使う表現なので、その点に注意しましょう。

⑤

I'd love it if you could... あなたが …できるとうれしいんですけど

疑問文の形になっていないことと、仮定が含まれていることで、より**間接的な響きになる招待表現**です。

6

I was wondering if you would/might like to...

あなたは…したいかなぁと思っていたのですけれど

おそらくもっとも間接的でもっとも丁寧な招待表現です。was wondering, would, might などの過去の表現で、相手との距離を置いているためです。

7

Yes, that would be great. ええ、いいですね

招待を受け入れる場面の表現にも多くのバリエーションがあります。シンプルな肯定の形での受け応えです。また明るいトーンの声で返事をすることも心がけましょう。よりフォーマルな状況であれば、That's very kind of you.（ご親切にありがとうございます）で返事を始めてもいいでしょう。

置き換え　• great → wonderful, fantastic, awesome

8

Thanks for asking, but... たずねてくれてありがたいけど…

これは、**かなりカジュアルで直接的な響きの断りフレーズ**です。丁寧に断るためには、なぜ招待を受けられないかの理由を付加するのがふつうです。

9

I'd (really) love to, but I'm afraid...

[ほんとうに]そうしたいのですが、残念ながら…なんです

ほかに用がなければ相手の招待を受け入れたであろうことをほのめかすことで、招待してくれた人の気持ちを傷つけないのが、丁寧な断り方でしょう。

10

I'm terribly sorry, but... ほんとうに申し訳ないんですが…

もうひとつの丁寧な断り方としては、謝罪で文をスタートして、そのあとに招待を断らねばならない理由を加える方法もあります。

置き換え　• terribly → awfully, really

1   ほんとうに申し訳ないんですが、今月は締め切りのプレッシャーがたくさんかかっているんです。

I'm terribly _____, _____ I'm under a lot of deadline _____
this month.

2   今日いっしょにランチする時間はある？

Are you _____ _____ join me for lunch today?

3   ちょっとあとで私のオフィスに寄っておしゃべりするのはどう？

_____ about _____ by my office for a _____ a bit later?

4   もしかしたら、あなたは新しいスタッフの歓迎式の準備を手伝いたいかもって思ってたんだけど。

I was _____ _____ you might like to _____ organize the
welcome ceremony for new staff.

5   明日の3時の私のチームのプレゼンに出席したいですか？

Would _____ like _____ _____ my team's presentation tomorrow at
3:00?

6   私にあなたのチームに参加してほしいんですって？ ええ、それはすばらしいです！ 私のことを考慮してくれてありがとうございます。

You'd like _____ to join your team? Yes, _____ would _____ amazing!
Thanks for thinking of me.

7   疲れちゃった。今日はこの辺にして飲みに行こうよ。

I'm tired. _____ _____ it a day and go for a _____.

8   たずねてくれてありがとう。でも、来週はずっと出張旅行なんですよ。

_____ _____ asking, _____ I'm afraid I'll be on a business trip all
next week.

9   今日ちょっとあとで売上額に目を通したい？

Do you want _____ _____ over the _____ figures a bit later today?

10   それはいいですね。でも、明日は終日、連続でミーティングが入っているんです。

_____ sounds great, _____ _____ afraid I've got back-to-back
meetings _____ day tomorrow.

11　私といっしょに、この求職申請の束を審査する時間を見つけてもらえるとうれしいんだけど。

I'd love it _____ you could _____ time to _____ this batch of job applications with me.

12　あなたといっしょに是非新しいプラント（工場）を訪問したいのですが、今週は少しも時間がないのです。

_____ really love _____ _____ the new plant with you, but I don't have a spare minute this week.

HINTS　❶deadline「締め切り；期限」❸drop by...「…に立ち寄る」❹organize「準備する；手配する」❺attend「出席する」❻think of...「…を考えに入れる；考慮する」❼call it a day「（仕事などを）終わりにする；切り上げる」❽business trip「出張（旅行）」❿back-to-back「連続の；立て続けの」⓫batch「束；一群」⓬spare「空いている；使われていない」

Answers —— DL-04

1. I'm terribly **sorry, but** I'm under a lot of deadline **pressure** this month.
2. Are you **free to** join me for lunch today?
3. **How** about **dropping** by my office for a **chat** a bit later?
4. I was **wondering if** you might like to **help** organize the welcome ceremony for new staff.
5. Would **you** like **to attend** my team's presentation tomorrow at 3:00?
6. You'd like **me** to join your team? Yes, **that** would **be** amazing! Thanks for thinking of me.
7. I'm tired. **Let's call** it a day and go for a **drink**.
8. **Thanks for** asking, **but** I'm afraid I'll be on a business trip all next week.
9. Do you want **to look** over the **sales** figures a bit later today?
10. **That** sounds great, **but I'm** afraid I've got back-to-back meetings **all** day tomorrow.
11. I'd love it **if** you could **find** time to **review** this batch of job applications with me.
12. **I'd** really love **to visit** the new plant with you, but I don't have a spare minute this week.

予定を確認／変更する

1・Check the Phrases

重要なイベントや会議の予定があるときは、日取りや時間、場所を確認することは大切です。よく知っている相手なら、砕けたインフォーマルな表現で確認を取りましょう。重要な顧客やよく知らない人物との約束では、できるだけ丁寧に表現するべきです。また、相手に手間を取らせていることに関して申し訳ない気持ちを伝える前置き表現を用いるのがいいでしょう。予定の変更をお願いする場合も同様で、場合によっては相手に不便をかける可能性があることをしっかり認識して表現を工夫すべきでしょう。

①

Can I confirm that we're meeting on...?

…のミーティング予定を確認してもいいですか？

ニュートラルな響きの確認表現。can の代わりに could を使うと、もう少し丁寧になります。また、just を加えて Can/Could I just...?(ちょっと…していいでしょうか？) としてもいいでしょう。さらに丁寧さを増すには possibly を加え、Can/Could I possibly...?(…することはできるでしょうか？) としましょう。

②

Let me reconfirm the details of our meeting.

ミーティングの詳細を再確認させて

これは**かなりインフォーマルな言い方**で、通常はよく知っている人や目下の人物に使います。ここでも just を加え Let me just...(ちょっと…させて) とすれば、もう少し丁寧な言い方にできます。

③

I wonder if we could reconfirm the details of...

…の詳細を再確認させていただけるでしょうか

I wonder でセンテンスを始めると、相手との距離感を広げより間接的、丁寧、

フォーマルな響きを出すことができます。

4

I need to change the date and time of our meeting.

ミーティングの日時を変更する必要があるんだ

とても**直接的な言い方**で、目下の人物に対してのみ使用することが可能です。こういった表現を使う場合、話者は相手の拒否権をあまり念頭に置いていません。

5

Something has come up and I can't make our meeting. Could we possibly reschedule?

急用ができてしまい、打ち合わせに行くことができないんだ。予定を変更することはできるだろうか？

同僚や目下の人物に向かって使うことの多い言い回しです。ただし、漠然とした理由を示している点や、Could we possibly...?(…することは可能でしょうか？)を使っていることで、押しつけがましさは少し和らいでいます。

6

I'm terribly sorry, but I'm afraid I won't be able to make our meeting tomorrow. Would you mind very much if we rescheduled?

ほんとうに申し訳ないのですが、残念ながら明日の打ち合わせに行くことができません。予定を変更させていただいても、問題はございませんでしょうか？

非常に丁寧な予定変更依頼の表現。sorry は very のほかにも、terribly, awfully, really などの強意語とともによく用います。ほかにも、I'm afraid...(残念ながら…；恐縮ですが…)を追加している点、Do you...? ではなく Would you...? を使っている点、very much を付加している点、rescheduled と過去形を用いている点など、非常に丁寧な言い回しの特徴が満載です。また、例文の末尾で if we rescheduled と表現していますが、we は I に変えることもできます。I ではなく we を使うことで相手側もスケジュール変更の過程に入ってもらおうという気遣いが感じられ、より丁寧な表現になっています。

1 予算会議の詳細をはっきりさせてもらってもいいですか？ 明日の2時半ですよね？

Could ____ possibly _____ down the details of the _____ meeting?
It's tomorrow at 2:30, right?

2 再確認させてほしいのだけど、あなたとは今日の午後3時に私のオフィスでお会いする予定ですよね？

_____ me reconfirm _____ I'm expecting _____ see you in my office
at 3:00 this afternoon.

3 最後にもう一度、営業セミナーのスケジュールをちょっと確認させていただけるでしょうか。

_____ wonder _____ we could just go over the _____ for the sales
seminar one last time.

4 金曜の午前11時の契約に関する協議の予定を確認してもいいですか？

Can I _____ that _____ meeting _____ discuss the contract on
Friday at 11 a.m.?

5 ご迷惑でないといいのですが、採用セミナーの開催スケジュールを少々確認させていただいてもよろしいでしょうか？

I hope you _____ mind, _____ could you just remind me of when the
hiring seminar is _____ to take place?

6 会議の日時を木曜の午後4時に変更する必要があるんだ。それでみんなに問題がないといいのだが。

I need to _____ the date and _____ of the conference to 4 p.m. on
Thursday. I _____ everyone is OK with that.

7 誠に恐縮です。残念ながら明日の午前中のスケジュールがぶつかっているんです。今週のもう少しあとまで、話し合いを延期させていただいてもよろしいでしょうか？

I'm terribly sorry, _____ _____afraid I have a schedule conflict
tomorrow morning. Would you mind _____ much _____ we postponed
our talk till later in the week?

8 今日は少々予定が遅れ気味なんです。売上報告について議論するのを遅い時間にしていただくことはできるでしょうか？ ご不便をおかけして申し訳ありません。

I'm _____ a little late today. Would you _____ very much if we
found a _____ time to discuss the sales review? Sorry for the
_____.

9 予期せぬ事態が生じて、製品開発会議とかち合ってしまうんだ。違う時間に動かしてもらうことは可能だろうか？

Something _____ has come _____ that _____ with the product

development meeting. Could we possibly move it to a different time?

10 仕事で緊急事態が発生して。恐縮ですが、打ち合わせを延期しなければならないんです。

A work emergency has _____ up, and I'm afraid I'll _____ to push _____ our meeting.

11 申し訳ないんですが、今週は多くの人員がインフルエンザで欠席しているんです。なので、私の工場訪問を来週のどこかまで先延ばしにしてもいいでしょうか？

Apologies, _____ we have a lot of people out sick with the flu this week, so do _____ _____ if I put _____ my visit to the factory till some time next week?

12 開会の挨拶の正しい日時を把握できているかどうか、確認させて。

Let _____ just _____ sure I've got the date and time of my opening address _____.

HINTS

❸go over「調べる；確認する」, one last time「最後にもう一度」,❺hiring seminar「採用セミナー」❻conference「（規模の大きな）会議」❼schedule conflict「スケジュールのぶつかり」, postpone「延期する」❽sales review「売上報告」❿emergency「緊急事態」⓬opening address「開会の挨拶」

Answers —— DL-05

1. Could I possibly **nail** down the details of the **budget** meeting? It's tomorrow at 2:30, right?
2. **Let** me reconfirm **that** I'm expecting **to** see you in my office at 3:00 this afternoon.
3. I wonder **if** we could just go over the **schedule** for the sales seminar one last time.
4. Can I **confirm** that **we're** meeting **to** discuss the contract on Friday at 11 a.m.?
5. I hope you **don't** mind, **but** could you just remind me of when the hiring seminar is **scheduled** to take place?
6. I need to **change** the date and **time** of the conference to 4 p.m. on Thursday. I **hope** everyone is OK with that.
7. I'm terribly sorry, **but I'm** afraid I have a schedule conflict tomorrow morning. Would you mind **very** much **if** we postponed our talk till later in the week?
8. I'm **running** a little late today. Would you **mind** very much if we found a **later** time to discuss the sales review? Sorry for the **inconvenience**.
9. Something **unexpected** has come **up** that **clashes** with the product development meeting. Could we possibly move it to a different time?
10. A work emergency has **come** up, and I'm afraid I'll **have** to push **back** our meeting.
11. Apologies, **but** we have a lot of people out sick with the flu this week, so do **you mind** if I put **off** my visit to the factory till some time next week?
12. Let **me** just **make** sure I've got the date and time of my opening address **correct**.

第1章 — 基本表現26 — No.05

だれかと相談する

1・Check the Phrases

相談事の多くは、ビジネスや医療、法律関係などプロフェッショナルな文脈で生じるのでニュートラルあるいはフォーマルな表現を使用することが多くなりがちです。相談の文脈でだれかにアドバイスを求めるときなどには、recommendations(推奨)、suggestions(提案)、guidance(指導；支援)、input(意見の提供；知恵)、insight(洞察；見識)、expertise(経験；専門知識)、knowledge(知識)、experience(経験)、solutions(解決策) といった語をよく見かけます。

①

What are your thoughts on...? …について君の考えは?

もっとも**カジュアル**にだれかの知恵を借りたいときに使うフレーズで、あまりフォーマルではない場面に相応しい表現です。

類似
表現 | ● **Do you have any ideas/recommendations/suggestions on...?**
(…についてアイデア/推奨/提案はありますか?)

②

I'd like to consult with you about...

…についてあなたにご相談したいのですが

もう少し**ニュートラル**、あるいはフォーマルな言い回しです。もう少し丁寧度を上げるには、I'd (very much) appreciate/value the opportunity to consult with you about...(あなたに…について相談する機会をいただければ非常にありがたいのですが) と言えます。

③

I would greatly appreciate it if you could share your expertise on...

…に関するあなたの知識をシェアしていただけると誠にありがたいのですが

かなりフォーマルな表現です。I need your expertise on...(…に関してあなたの知識

が必要なのです）とすれば、よりフォーマル度の低い直接的な言い方になります。

類似
表現
- **I would greatly value the benefit of your insight on...**（…に関して、あなたの洞察の恩恵に預かれれば誠にありがたいです）

4

Can you provide me with some guidance on...?

…に関してご指導いただけますか？

ニュートラルな表現で、ほとんどどの場面でも使えます。I'm seeking/looking for some guidance on...（…に関してご指導をいただきたいのです）とも言えます。

5

Can we explore some approaches regarding...?

…に関して、いくつかアプローチを検討できるでしょうか？

これまでの表現よりも、**共同作業的なアプローチを提案する言い回し**です。形容詞を加えたり approaches を別の語にしたりして、possible approaches（可能なアプローチ）、potential solutions（可能性のある解決策）、different avenues（別の手段）のようにも言えます。explore は look into（調べる；チェックする）、investigate（調査する）でも OK。Let's discuss...（…を議論／相談しましょう）といった異なった表現もできます。

6

I'd like to pick your brain about...

…についてあなたのお知恵を拝借したいのですが

相手にアイデアを出してほしいときに、よく使う表現です。
※ pick your brain「知恵を借りる」

7

If you could find time in your busy schedule, ...

お忙しいスケジュールの中で時間を見つけていただけるようでしたら…

相手の忙しいスケジュールの妨げになるかもしれないときには、相談を求める前置きに、こういった表現を使うのがいいでしょう。

類似
表現
- **I hate to impose, but I was wondering if...**（押しつけがましくしたくはないのですが、もしかして…してもらうことはできるでしょうか）
- **I realize you must be extremely busy, but could I possibly...?**（あなたが非常に忙しいことは理解しているのですが、もしよろしければ…？）

2 · Fill-in-the-Blank Training

1 あなたが非常にお忙しいのは理解しておりますが、私たちで、総利益を最大化するいくつかの異なる手段を調べることができるかなぁと思っていたのですが。

I _____ you must be extremely busy, but I was _____ if we could look into some _____ avenues to maximize revenue.

2 低金利ビジネスローンを確保するための最良の方法について、なにかアイデアをお持ちですか？

Do you _____ any _____ about the best _____ to secure a low-interest business loan?

3 営業スタッフのために実績に基づいたボーナスシステムを構築する方法に関して、少々お知恵を拝借できますか？

Can you provide me _____ some _____ on _____ to structure a performance-based bonus system for sales staff?

4 ジョイントベンチャーの可能性を議論するために、あなたとお会いする機会を頂ければ、誠にありがたく存じます。

I'd very much _____ the _____ to meet with you to discuss the _____ of a joint venture.

5 お忙しいスケジュールの中から時間を見つけていただけたとしたら、あなたにサプライチェーンの効率化に関するお考えをシェアしていただけないかなぁと思っておりました。

If you _____ find time in your busy schedule, I was _____ if you could _____ your thoughts on streamlining our supply chain.

6 弊社の製品が完全にあなたの国の規制への準拠を確保するための、いくらかの助言を求めております。

I'm looking for some _____ on _____ that our products are _____ compliant with regulations in your country.

7 全社的な報奨制度の設定をどのように行うか、あなたのお知恵を拝借したいのですが。

I'd like to _____ your brain _____ how you go about _____ company-wide incentives.

8 会社の雇用行動にもっと多様性を導入するためのいくつかの方法を、あなたとご相談したいのです。

I'd like to consult _____ you about some _____ we could _____ more diversity into our hiring practices.

9 会社の給与計算職務の外注に向けた可能なアプローチを、いっしょに検討できるでしょうか？

Can we _____ some possible _____ to _____ our payroll functions?

34

10 押しつけがましくしたくはないのですが、できれば現職研修プログラム制定のあなたのご経験を活用させていただきたいのですが？

I hate to _____, but could I _____ _____ into your experience of establishing in-service training programs?

11 オンライン授業のためのウェブサイト新設に関するあなたの専門知識をシェアいただけたら、誠にありがたく存じます。

I'd greatly _____ it if you _____ share your _____ on creating a website for online tuition.

12 どうすれば顧客の苦情にもっともうまく取り組めるかという問題に対する、可能性のある解決策について話し合いましょう。

_____ discuss some _____ solutions to the problem of how best to address customer _____.

❶revenue「総利益」❷low-interest「低金利の」❸performance-based「実績ベースの」❹joint venture「合弁事業；ジョイントベンチャー」❺streamline「合理化する；効率化する」❻compliant「準拠した」❼company-wide「全社的な」❽hiring practice「雇用行動」❾payroll「給与計算」, function「職務；機能」❿in-service training program「現職研修プログラム」⓬address「取り組む」

Answers —— DL-06

1. I **realize** you must be extremely busy, but I was **wondering** if we could look into some **different** avenues to maximize revenue.

2. Do you **have** any **ideas** about the best **way** to secure a low-interest business loan?

3. Can you provide me **with** some **input** on **how** to structure a performance-based bonus system for sales staff?

4. I'd very much **value** the **opportunity** to meet with you to discuss the **possibility** of a joint venture.

5. If you **could** find time in your busy schedule, I was **wondering** if you could **share** your thoughts on streamlining our supply chain.

6. I'm looking for some **guidance** on **ensuring** that our products are **fully** compliant with regulations in your country.

7. I'd like to **pick** your brain **about** how you go about **setting** company-wide incentives.

8. I'd like to consult **with** you about some **ways** we could **introduce** more diversity into our hiring practices.

9. Can we **explore** some possible **approaches** to **outsourcing** our payroll functions?

10. I hate to **impose**, but could I **possibly tap** into your experience of establishing in-service training programs?

11. I'd greatly **appreciate** it if you **could** share your **expertise** on creating a website for online tuition.

12. **Let's** discuss some **potential** solutions to the problem of how best to address customer **complaints**.

07   Asking Permission

許可を求める

1・Check the Phrases

英語には許可を求めるさまざまな表現がありますが、表現を選択する際には適当なレベルのフォーマル度が反映されているべきです。フォーマル度のレベルは、ほとんどの場合、話者と相手との関係に左右されます。だいたい4つのレベルのフォーマル度があると、筆者は考えています。

Level 1: カジュアル（親しい家族や、親友）
Level 2: インフォーマル（家族や友人）
Level 3: ニュートラル（仕事の同僚や学生同士）
Level 4: フォーマル（見知らぬ人、社会的あるいは職業上の目上の人）

1

Mind if I sit here? ここに座ってもいい？

Level 1の表現で、これは Do you mind if I...? が省略によって短くなったものですが、**インフォーマルな会話ではDo youを省略する**のがふつうです。省略しないセンテンスもインフォーマルあるいは中立的な響きになりますが、こちらは見知らぬ人に使うことも可能です。

2

Is it OK if I use your calculator?

あなたの計算機を使ってもいいかな？

Level 2の表現。Is it OK/all right if I...? は、知り合いからなにかの許可を得たいときに使うシンプルでインフォーマルな表現の仕方ですが、**許可を求められた相手がそれを断りそうにない場面で用いられます**。また、このフレーズの Is it... の代わりに、Would it be... を用いると、より丁寧な言い回しになります。Would it be OK/all right if I used your pen? のように表現しますが、この場合、use も過去形の used に変化している点に注意しましょう。

36

3

Would you mind if I open the window?

窓を開けても構いませんか？

Level 3 の表現。Do you mind if I...? よりも、この例のように Would you mind if I...? を用いるほうがより**婉曲で丁寧な言い方**になります。Do you ...? は現実のリアルな状況での質問ですが、Would you...? は仮定法の質問になっています。このような変化は表現のよそよそしさを増し、よりフォーマル度を上げることになります。同様に、if のあとの動詞を過去形にして（例えば次の例文のように open を opened にする）Would you mind if I opened the window? とすると、さらにフォーマル度が一段アップした表現になります。

4

May I offer you something to drink?

飲み物をお出ししてもよろしいでしょうか？

Level 4 の表現。その場の状況が理解できていない場面では、May I...?（…してもよろしいでしょうか？）を用いるのが、おそらくはもっともシンプルで安全に**許可を取る方法**でしょう。may を過去にして、Might I...? とすれば幾分フォーマル度の増した言い回しにできます。これも過去形を使うことで「よそよそしさ」＝「フォーマル度」を増す手法です。ただし、Might I...? はややオーバーに丁寧で、さらにやや古臭い響きになるため、このコンテクストでは Can I...?（…してもいいでしょうか？）のほうをよく耳にします。can は可能を表すため、許可を求める場面には相応しくないと考える人もいますが、一般的に May I...? と Can I...? の違いはあまり考慮されませんし、Can I...? は非常によく使われています。

1 今日のランチ、いっしょに行ってもいいかな？ ヨーロッパ旅行の話を聞きたいな。

Is ＿＿＿ ＿＿＿ right if ＿＿ join you for lunch today? I'd love to hear about your trip to Europe.

2 予定が重なっているので、今日、会議を早めに出ても構いませんか？

I have a scheduling conflict, so would you ＿＿＿＿ ＿＿＿ I left the meeting ＿＿＿＿ today?

3 お客様の苦情に対応しなければいけないので、君の人事考課を明日まで延期しても構わないかい？

I have to deal with a customer complaint, so do ＿＿＿ mind ＿＿＿ we ＿＿＿＿ your performance review until tomorrow?

4 あとで結果をメールで送ってもいいですか？ おそらく午後3時頃にはできると思います。

Can I ＿＿＿＿ the results to you ＿＿＿＿ ? I can probably do it ＿＿＿＿ mid-afternoon.

5 プレゼンは私がリードして進めても構いませんか？

Would ＿＿＿ ＿＿＿ if I took the ＿＿＿ on our presentation?

6 あなたのロスへの旅の旅程表をちょっと見てもいいでしょうか？

May ＿＿ just ＿＿＿ a ＿＿＿ look at your itinerary for your trip to LA?

7 君のペンを借りてもいい？ 私のはインク切れしてしまって。

Mind ＿＿＿ ＿＿ ＿＿＿＿ your pen? Mine has run out of ink.

8 ちょっとおしゃべりしてもいい？ 解決しなければいけない問題があって。

OK ＿＿＿ ＿＿ chat to you ＿＿＿ a moment? There's a problem we need to solve.

9 弊社の提案を議論するために、あなたに直にお会いすることはできるでしょうか？ 電話ではお話したくないのです。

Might ＿＿＿ ＿＿＿ able to meet with you in person to discuss my company's ＿＿＿＿ ? I'd rather not do it over the telephone.

10 急で申し訳ありませんが、次の月曜をお休みにしても構いませんか？

I apologize for the short notice, but would ＿＿＿ ＿＿＿ OK ＿＿＿ I took next Monday off?

11 今、お時間があれば、弊社の販促資料をいくつかお見せしてもよろしいでしょうか？

If you're free now, may _____ _____ you _____ of my company's promotional material?

12 私の手伝いなしで報告書をまとめていただきたいとお願いしても構わないでしょうか？

_____ you _____ terribly if I _____ you to compile the report without my help?

HINTS ❷leave「出る；去る；残して行く」❸performance review「人事考課」❹result「結果」❺take the lead「リードする；先導する」❻itinerary「旅程表」❽chat「おしゃべりする」❾in person「直に；直接」❿take...off「…に休暇を取る」⓫promotional material「販促資料」⓬terribly「ひどく」, compile「(資料などを) 編集する」

Answers —— DL-07

1. Is **it all** right if **I** join you for lunch today? I'd love to hear about your trip to Europe.
2. I have a scheduling conflict, so would you **mind if** I left the meeting **early** today?
3. I have to deal with a customer complaint, so do **you** mind **if** we **postpone** your performance review until tomorrow?
4. Can I **email** the results to you **later**? I can probably do it **around** mid-afternoon.
5. Would **you mind** if I took the **lead** on our presentation?
6. May I just **take a quick** look at your itinerary for your trip to LA?
7. Mind **if I borrow** your pen? Mine has run out of ink.
8. OK if **I** chat to you **for** a moment? There's a problem we need to solve.
9. Might **I be** able to meet with you in person to discuss my company's **proposal**? I'd rather not do it over the telephone.
10. I apologize for the short notice, but would **it be** OK if I took next Monday off?
11. If you're free now, may **I show** you **some** of my company's promotional material?
12. **Would** you **mind** terribly if I **asked** you to compile the report without my help?

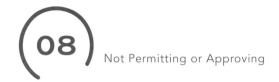

08 Not Permitting or Approving

許可／承認しない

1 · Check the Phrases

許可しない、あるいは承認しないことを相手に伝える場面では、意識しておくべきことがいくつかあります。まず、相手へのリスペクトを可能な限り強く持つこと。許可や承認を断ることは相手の心証を傷つける可能性があるからです。可能なら、断りを入れる理由を述べたり、説明を加えたりすることも大切です。これを怠ると、私たちの言葉は、無礼で思いやりのないものだと受け取られやすくなってしまいます。また、断りの前置きとして、ある種の謝罪表現を置くこともとても一般的です。

1

I'm sorry, but I can't allow that.

申し訳ないけど、それは許可できません

このセンテンスのように、**お詫びの気持ちからスタートするのは良い方法で**す。さらに表現を柔らかくするなら、I'm terribly/really sorry...(ほんとうに申し訳ないけれど…) のように副詞を添えましょう。また、I'm afraid I can't.(申し訳ないけれどできません) と表現するのもいいでしょう。動詞 allow はややかしこまった permit(許可する；許す) に変えても良いです。

2

I'm afraid that's not possible. 残念ながら、それは不可能です

このセンテンスのように、I'm sorry... の代わりに I'm afraid... を用いることもあります。not possible(不可能な) を (completely) out of the question([完全に] 問題外の) と置き換えると、より強い口調になります。

3

I'm not comfortable with that, I'm afraid.

それは気が進まないんです、申し訳ない

これはいくぶんソフトに許可を断る言い方で、自分の感情に焦点を当てた言い

回しです。もう少し柔らかい言い方に、I'm not entirely comfortable with...(…には少し気が進まない)があります。また、表現の前置きとして、The thing is...(実は…)を添えてもいいでしょう。

④

I don't think that's a good idea.

それがいいアイデアだと思わないんです

直接的に断るよりも、こういった**柔らかめの表現を使うことも可能**です。攻撃的になることを避け、相手の気持ちを傷つけることも避けられます。I don't think that's the best way forward.(それが最善の道とは思わないんですよ)とすればさらに柔らかい響きになります。よりフォーマルで距離感のある表現としては、I really wouldn't consider that advisable.(それが望ましいとはほんとうに思えないのです)もあります。

⑤

I can't permit that to happen. それは許可できません

時として断固たる態度で拒絶する必要がある場合もあります。これは**非常に直接的に拒絶を示す言い回し**です。さらに強い口調で伝えたいときには、There's no way I can allow/permit/agree to that.(私がそれを許す／許可する／同意することはあり得ません)という言い方ができます。

類似
表現 | ● I can't give my consent to that.(それには同意できません)

⑥

Sorry, that's not going to happen. 悪いけど、それはあり得ないよ

これはかなり**インフォーマルでくだけた表現**です。両親が子どもに向かってこの言い方を使っている場面などが想像できます。just を加えて just not going to...(…は単純にあり得ない)とするとより強く断定的な響きになります。また、There's no way that is ever going to happen.(そんなことは絶対にあり得ない)も同様に強めの響きになります。より慣用語法的な、I'm afraid I have to put my foot down and say no.(残念ながら、私は断固として反対せざるを得ない)という表現もあります。

1 残念ながら、裏づける領収書のない経費請求は許可できません。

_____ afraid that claiming _____ without receipts to _____ them up can't be permitted.

2 この破綻した営業戦略を継続するのが望ましいとはほんとうに思えないのです。

I really wouldn't consider _____ _____ to continue with this failed sales _____.

3 部署の他方からの情報提供なしに、一方の独断で決断するのがいいアイデアだと思わないんです。

I don't _____ it's a good _____ to make unilateral decisions _____ input from the others in the section.

4 残念ながら、私は断固として契約改正のさらなる提案には反対せざるを得ない。

Sorry, but I'm going to _____ to put my _____ down and say _____ to any further proposals to amend the contract.

5 以前の失敗に終わった戦略を繰り返すのが、最善の道とは思わないんですよ。

I don't _____ _____ previous unsuccessful strategies is the best way _____.

6 あなたの部下に対する無礼な扱いは気持ちのよいものではないんです、申し訳ないですが。

I'm not _____ _____ your abusive _____ of junior staff, I'm afraid.

7 残念ながら、これ以上支払いの締め切りを延長することはできないのです。

I'm afraid _____ not possible to _____ the deadline for payment _____ further.

8 これ以上の安全規則の緩和は許可できません。

I _____ permit any _____ _____ down of safety regulations.

9 残念ながら、あなたが今月これ以上休暇を取ることは許可できません。

I'm sorry, _____ I _____ allow _____ to take any more time off this month.

10 申し訳ないけど、このプロジェクトでは、自宅勤務は問題外です。

_____ sorry, but _____ from home on this project is out of the

_____.

11 生産性に大きな向上もないのに、賃上げに同意などできるはずがない。

_____ _____ way I can agree to a pay rise _____ a significant

increase in productivity.

12 悪いけど、短期間での採用方針のそういった完全見直しはあり得ないよ。

_____, such a complete overhaul of our _____ policy is

not going to _____ in the short term.

HINTS ❷failed「破綻した；失敗した」❸unilateral「片側だけの；単独の」❹amend「改正する」❻abusive「無礼な；虐待を伴う」, junior staff「若手社員；部下」❽water down「和らげる；骨抜きにする；(効果を) 弱める」❾take time off「休暇を取る」❿work from home「自宅勤務する；リモートワークする」⓫pay rise「賃上げ；昇給」英国英語。米語ではpay raise⓬overhaul「徹底的な見直し」

Answers —— DL-08

1. **I'm** afraid that claiming **expenses** without receipts to **back** them up can't be permitted.
2. I really wouldn't consider **it advisable** to continue with this failed sales **strategy**.
3. I don't **think** it's a good **idea** to make unilateral decisions **without** input from the others in the section.
4. Sorry, but I'm going to **have** to put my **foot** down and say **no** to any further proposals to amend the contract.
5. I don't **think repeating** previous unsuccessful strategies is the best way **forward**.
6. I'm not **comfortable with** your abusive **treatment** of junior staff, I'm afraid.
7. I'm afraid **it's** not possible to **extend** the deadline for payment **any** further.
8. I **can't** permit any **further watering** down of safety regulations.
9. I'm sorry, **but** I **can't** allow **you** to take any more time off this month.
10. **I'm** sorry, but **working** from home on this project is out of the **question**.
11. **There's no** way I can agree to a pay rise **without** a significant increase in productivity.
12. **Sorry**, such a complete overhaul of our **recruitment** policy is not going to **happen** in the short term.

第1章——基本表現26——No.08

Asking for Advice

アドバイスを求める

1 · Check the Phrases

相手が家族、友人、同僚、あるいは専門家でも、アドバイスを求めることを遠慮すべきではありません。アドバイスを求める場面でも、丁寧さのルールはほかの項目と同じです。求めるアドバイスが比較的シンプルで同じレベルの地位にある人と話すのなら、かなり直接的な表現を使うことができます。もし求めるアドバイスがより複雑で繊細な事柄である場合や立場が上の人と話している場合、あるいは相手の時間を犠牲にしてしまう場合などは、注意を払ってより間接的な言い回しを心がけましょう。また、丁寧にアドバイスを求める場面では、謝罪のフレーズでスタートしたり、なぜアドバイスが欲しいのか理由を説明したりするのもいいでしょう。

❶

What do you think I should do? 私はどうすべきだと思いますか？

もっともシンプルでもっとも**直接的**なアドバイスの依頼表現。

❷

Do you have any advice for me?

なにか私へのアドバイスはありますか？

❶よりも**直接的**な響きが少し弱い言い回し。

置き換え
● **advice** → **suggestions**（提案；提言）、**recommendations**（推奨）、**guidance**（指導；支援）
※ tips（ヒント；知恵）や pointers（助言；ヒント）はフォーマル度が下がります。

❸

What would you do in this situation?

この状況であなたならどうなさいますか？

こちらの立場になってもらいたいときに使う言い回しですが、アドバイスを求める場面でもよく使われます。

44

- **If you were me, what would you do?**(あなたが私ならどうしますか？)
- **What would you do in my position?**(あなたが私の立場ならどうしますか？) など

4

I'm not sure what to do. Can you help me?

どうすべきかよくわからなくて。手助けしてもらえますか？

なにかが自分の妨げになっていることを打ち明けながら、**真剣にアドバイスを求める表現**です。be not sure の代わりに、be at a loss(途方に暮れて；困って)、have no idea(わからない)、have no clue(さっぱりわからない) などを使うこともできます。

5

How would you handle...? あなたなら…にどう対処しますか？

これも**よく使われる言い方のひとつ**。相手がいいアドバイスをくれるに違いないと思いつつ、たずねているニュアンスです。handle... の代わりに deal with...(…に対処する；…を扱う) も使えます。

6

I'm (very) sorry to bother you, but...

面倒をおかけして［誠に］恐縮ですが…

忙しい人や高い地位にある人などにアドバイスを求めるときには、無理に相手に手間を取らせているかもしれないことを認めつつ質問するのが礼儀です。

- **I hate to bother you...**(ご迷惑をおかけしたくはないのですが…)
- **I know you must be busy...**(お忙しいことは承知していますが…)
- **I hate to ask...**(質問するのは避けたいのですが…)
- **I realize this might not be the best time.**
  (ベストなタイミングではないのかもしれないのですが)

1 このスプレッドシートのフォーマットの仕方に関して、ひょっとしてなにか提言がありますか？

Would you happen _____ have any _____ about _____ to format this spreadsheet?

2 面倒をおかけして誠に恐縮ですが、私の報告書をどう改善するかに関して、もしかしてなにか提言をいただけますか？

I'm very sorry to _____ you, but could you possibly _____ me some _____ on how to improve my report?

3 新しいセクションチーフの締め切りに間に合わせるのに苦労しているんです。あなたが私の立場ならどうしますか？

I'm having a _____ time meeting my new section chief's deadlines. _____ would you do in my _____?

4 きっとあなたはこの状況に立たされたことがあると思います。あなたなら週末に働きたくない人をどう扱いますか？

I'm _____ you've found _____ in this position. _____ would you deal _____ someone who is unwilling to work on weekends?

5 リモートで働いているスタッフの扱い方がほんとうによくわからなくて。なにか知恵はある？

I'm really not sure _____ to handle staff who are _____ from home. Do you have _____ tips?

6 すみませんが、あなたなら昇給の要求にどう対処されますか？

Sorry, but _____ would you _____ a _____ for a salary increase?

7 人事考課の面談をこれまでやったことがないんです。なにかご指導いただけますか？

I've never done a performance review _____ before. Do you have any _____ for _____?

8 新しいビデオ会議ソフトウェアで仕事をする方法でちょっと困っていて。手伝ってもらえますか？

I'm at a bit _____ a _____ about how to work _____ the new video-conferencing software. Can you help me?

9 きっとあなたがとても忙しいのはわかっているのですが、私がMBAを取得するのにベストな大学に関してアドバイスをいただけないものかと思っていたのです。

I know you must be very busy, _____ I was wondering _____ you could _____ me some advice on the best colleges for me to get an MBA?

10 チームの一員が繰り返し会議に遅れてくることに気づいているのですが。あなたが私の立場なら、どうなさいますか？

I've noticed that one of my team is constantly late for meetings. What would you do _____ you _____ _____ my shoes?

11 英語でEメールを書くのにかなり苦労しているのです。私はどうすべきだと思いますか？

I'm _____ quite a bit of trouble _____ emails in English. What do you think I _____ do?

12 中国でこの製品の製造業者を見つける方法がわからないのです。あなたに手助けしていただけるでしょうか？

I have _____ idea how to find a manufacturer for this product in China. Do you think you could _____ me _____?

HINTS

❹unwilling to...「…するのを好まない；…するのに気が進まない」❺work from home「自宅でリモートワークする」❻salary increase「昇給」❼performance review「人事考課」❽video-conferencing software「ビデオ会議ソフトウェア」❾MBA「経営学修士」❿constantly「繰り返し；絶えず」⓫quite a bit of...「かなりの…」⓬manufacturer「製造業者；メーカー」

Answers —— DL-09

1. Would you happen **to** have any **suggestions** about **how** to format this spreadsheet?

2. I'm very sorry to **bother** you, but could you possibly **give** me some **suggestions** on how to improve my report?

3. I'm having a **hard** time meeting my new section chief's deadlines. **What** would you do in my **position**?

4. I'm **sure** you've found **yourself** in this position. **How** would you deal **with** someone who is unwilling to work on weekends?

5. I'm really not sure **how** to handle staff who are **working** from home. Do you have **any** tips?

6. Sorry, but **how** would you **handle** a **request** for a salary increase?

7. I've never done a performance review **interview** before. Do you have any **guidance** for **me**?

8. I'm at a bit **of** a **loss** about how to work **with** the new video-conferencing software. Can you help me?

9. I know you must be very busy, **but** I was wondering **if** you could **give** me some advice on the best colleges for me to get an MBA?

10. I've noticed that one of my team is constantly late for meetings. What would you do **if** you **were in** my shoes?

11. I'm **having** quite a bit of trouble **writing** emails in English. What do you think I **should** do?

12. I have **no** idea how to find a manufacturer for this product in China. Do you think you could **help** me **out**?

10 Accepting and Declining a Request

要求の受け入れと断り

1・Check the Phrases

だれかの依頼や要求を受け入れる場面の表現は、概して、複雑ではありません。表現の種類は、ほとんどの場合、状況に相応しいフォーマル度によって決定されます。ほかの項目の表現と同様に、相手をどのくらいよく知っているか、あるいは、相手との相対的な立場などの要素で決まります。一方で、相手の要求を断るのは、より複雑で気配りを要します。断りを入れる場面でも、当然、相応しい丁寧度やフォーマル度が必要とされますが、相手の感情を傷つける可能性があることも認識しなければなりません。できるだけ丁寧な言葉を用いるとともに、なんらかの謝罪表現を付加するのがいいでしょう。また、気が進まない理由や要求に応えられない理由を添えるのも大切です。

1

Sure, no problem. もちろん、問題ないよ

要求を受け入れるときのもっともインフォーマルでカジュアルな表現。互いによく知っている間柄でもっとも一般的に使われます。

類似表現 ● **No worries.**（心配しなくて大丈夫）

2

Yes, I'm happy to help. ええ、よろこんで手伝いますよ

これは、かなりニュートラルな言い方なので、ほとんどどのシーンで使っても問題ありません。もう少し丁寧かつ熱意のこもった表現にしたい場合には、yes を absolutely（もちろんいいよ）や of course（もちろん）に変えましょう。また、happy の代用として glad（よろこんで）を用いてもいいでしょう。

3

I'd be delighted to... よろこんで…いたしますよ

さらに丁寧かつフォーマルな表現です。delighted は happy や glad よりもフォー

マルで一般遣いの頻度が低い単語。また、I am ではなく I would be を用いて距離感を置き、丁寧度を増しています。I'd be pleased to...（…するのをうれしく思います）とも言えますが、こちらは少々弱目の響きになります。

4

I'm sorry, but I can't help. すみませんが、手伝えません

一般的でシンプルな断りの表現。とてもニュートラルな響きなので、多くの場面で使うのに相応しい言い回しです。

置き換え ● I'm sorry, but... → **unfortunately**（残念ながら）、**sadly**（残念なことに）、**I'm afraid**（申し訳ないが）など

5

I'm sorry, but there's no way I can do that.

すまないけれど、それはできません

時に、相手の要求をきっぱりと断る必要があります。そんな場面で使えるのがこの言い回しです。やや丁寧でフォーマル度の高い言い方には、My apologies, but (I'm afraid) that's out of the question.（すみませんが、［残念ながら］それは不可能なんです）もあります。

6

I'm sorry, but I have to decline.

申し訳ありませんが、お断りせざるを得ません

decline という語を使うと、**かなりフォーマルな響き**になります。

7

I'd love to help, but I'm afraid I have another commitment.

お手伝いしたいのですが、残念ながら別の用件がありまして

この表現では断りを入れる理由をやや漠然とした状態にしています。これはこれで構わないのですが、漠然としている commitment（約束；用事）の内容をもう少し説明してあげれば、丁寧度を増すことができます。

2 · Fill-in-the-Blank Training

1 残念ながら、ご親切なスピーチのご依頼をお断りせざるを得ません。その日は仕事で国外に出ているからです。

_____, I have to _____ your kind invitation to _____
a speech because I will be out of the country on business that day.

2 もちろん、問題ないですよ。私が何時にオフィスにいればいいかだけ教えてください。

Sure, _____ _____. Just _____ me know what time I should be at
the office.

3 残念ながら、この件では私が手助けになるとは思いません。不動産関連の法律は私の専門分野ではないのです。

_____, I _____ think I can be _____ any assistance in this
matter. Real estate law is not my area of expertise.

4 ええ、心配いりませんよ。プロジェクト関係のEメールは全部あなたにCCしますから。

_____, no _____. I'll CC you on all the _____ connected with
the project.

5 ほんとうに申し訳ありません、恐縮ですがかち合っているほかの計画があるのです。顧客とのワーキングブレックファスト（商談しながらの朝食会）に参加することになっているんです。

_____ terribly _____, _____ I'm afraid I have other plans that clash.
I agreed to attend a working breakfast with a client.

6 もちろんです。よろこんで手伝いますよ。会議の議題の詳細をもう少し教えてくれますか？

Absolutely, I'm happy _____ _____. Could you give me some more
_____ on the meeting agenda?

7 すまないけれど、関連した経験がそれほど少ない人を雇用することには同意できません。

I'm sorry, _____ _____ _____ way I can agree to _____ someone
with so little relevant experience.

8 残念だけど、手伝えません。通関や船積みの手続きをよく知らないんです。

Sadly, I _____ help. I don't _____ enough about customs and
shipping _____.

9 すみませんが、交渉のこの段階では、さらなる要求を出すのは問題外ですよ。

I'm sorry, but at this stage of the negotiations, it's _____ _____ the
question _____ make further demands.

10 もちろんです！ 50周年記念パーティーの準備委員会の一員になれるのは光栄です。

_____ course! _____ be honored to be part of the organizing committee for the 50th _____ party.

11 お手伝いしたいのですが、残念ながらほかの用事があるんです。息子の学校の体育大会に出席しなければならないんです。

_____ love _____ help, but I'm _____ I have another commitment. I have to attend my son's school sports day.

12 会議のセッティングには十分な経験がありますから、私にできることならなんでも、よろこんでお手伝いいたします。

I've had a lot of experience in _____ up conferences, so _____ be _____ to help in any way I can.

HINTS ❶invitation「招待」❸expertise「専門分野」❹CC「電子メールをCCで送る」CC=carbon copy❺clash「かち合う」❻agenda「議題；協議事項」❼relevant「妥当な；関連した」❽custom「通関；税関」, shipping「船積み」❾negotiation「交渉」❿organizing committee「準備委員会」⓫sports day「体育祭」⓬conference「（大規模な）会議」

Answers —— DL-10

1. **Unfortunately**, I have to **decline** your kind invitation to **make** a speech because I will be out of the country on business that day.
2. Sure, **no problem**. Just **let** me know what time I should be at the office.
3. **Unfortunately**, I **don't** think I can be **of** any assistance in this matter. Real estate law is not my area of expertise.
4. **Yes**, no **worries**. I'll CC you on all the **emails** connected with the project.
5. **I'm** terribly **sorry, but** I'm afraid I have other plans that clash. I agreed to attend a working breakfast with a client.
6. Absolutely, I'm happy **to help**. Could you give me some more **details** on the meeting agenda?
7. I'm sorry, **but there's no** way I can agree to **hiring** someone with so little relevant experience.
8. Sadly, I **can't** help. I don't **know** enough about customs and shipping **procedures**.
9. I'm sorry, but at this stage of the negotiations, it's **out of** the question **to** make further demands.
10. **Of** course! **I'd** be honored to be part of the organizing committee for the 50th **anniversary** party.
11. **I'd love to** help, but I'm **afraid** I have another commitment. I have to attend my son's school sports day.
12. I've had a lot of experience in **setting** up conferences, so **I'd** be **delighted** to help in any way I can.

第1章 ― 基本表現26 ― No.10

51

内密に話す

Speaking Confidentially

1 ・ Check the Phrases

1

This conversation is just between the two of us.
この会話はわれわれの間だけのものです

話しているふたりの間だけに情報を留めてほしいことをはっきりさせています。

類似
表現
● **This information is for your ears only.**（この情報はあなただけに留めてください）
※ for your ears only「他言無用；親展」

2

Can we speak in confidence? 内密に話をしてもいいですか？

in confidence は confidentially（内密に）という副詞で代替できます。

3

I trust you won't share what I'm about to say with anyone else. お話しすることを、あなたがほかのだれにも共有しないと信用していますよ

trust は feel sure（確信している；自信がある）と置き換え可能です。

類似
表現
● **I trust you'll keep what I'm about to say to yourself.**
（お話しすることを、あなたの内に留めてくれると信用していますよ）

4

Can you promise not to share this information with anyone else?
ほかのだれにもこの情報を共有しないと約束してもらえますか？

直接的に相手に対して機密を厳守することを依頼する言い方です。

類
似
表
現
● **Can you assure me that you won't tell anyone else?**
（ほかのだれにも言わないと保証してくれますか？）
● **I really need to know that you won't share this information with others.**
（あなたが他人にこの件を共有しないことをしっかり知っておく必要があるのです）

I need to tell you something in the strictest confidence.

ほんとうに内密に、あなたに話す必要があるのだけれど

strictest confidence(もっとも制限の厳しい機密)というフレーズが、高い機密保持の必要性を強調しています。absolutely strictest confidence(完全なる最高機密)とすればさらに強い言い回しになります。

⑥

I'm sharing something delicate with you, so please keep it private.

細心の注意を要することを話すので、内密にしてください

delicate(細心の注意を要する)はpersonal(個人的な)あるいはsensitive(慎重な取り扱いが必要な)などと置き換えることも可能です。

⑦

I know how much you value discretion, so I feel confident in sharing this with you.

あなたがどれほど慎重さ[口の固さ]を重んじているかわかっていますから、自信を持ってこれをあなたと共有します

確実に機密が漏れないようにするために、相手の秘密を守る能力をほめることで効果があることもあります。

類似表現
● **I know that you're able to keep a secret, so I'm sure you'll keep this to yourself.**(あなたが秘密を守れるのはわかっていますから、この件をご自身だけに留めてくれるだろうと確信していますよ)

※keep this to yourselfは、慣用表現を含んだkeep this under wrapsやkeep this hush-hushとしてもOK。under wraps は「秘密にされた」、hush-hush は「内密の」という意味。

⑧

I know you're not the kind of person who will blab, so I'm sharing this with you.

あなたが秘密を漏らすような人じゃないのはわかっているから、この話を共有するんだが

blab は shoot your mouth off(ベラベラとしゃべる)と表現しても同じ意味です。よりフォーマルな場面では、talk carelessly(うっかり話す；軽率に話す)などが相応しい表現です。

1 あなたが秘密を守れるのはわかっているから、この件をご自身だけに留めてくれるだろうと確信しているよ。わが社の財務部長が競合企業で新しい役職を提示されているんだよ。

I _____ that you're _____ to keep a secret, so I'm sure you'll keep this _____ yourself. Our head of finance has just been offered a new position at a competitor company.

2 この情報は、確実にあなただけに留めてください。CEOが健康上の問題で引退を決意したんだよ。

This information is strictly _____ your ears _____. The CEO has decided to step _____ because of ill health.

3 現時点であなたが他人にこの件を共有しないことを、しっかり知っておく必要があるのですが。アメリカのパートナー企業が倒産の危機にあるんです。

I really need to _____ that you won't _____ this information with anyone else at the moment. Our U.S. partner is in danger of _____ bankrupt.

4 当面、ほかのだれにもこの情報を共有しないと約束してもらえるかな？ わが社の新たな特許申請が認可されそうなんだ。

_____ you _____ _____ to share this information with anyone else for the time being? It's likely that our new patent application will be approved.

5 内密にお話をしてもいいでしょうか？ バランスシートにいくつかおかしな点があることを、だれかに話しておく必要がありまして。

Do you mind _____ we speak _____? I need to tell someone about some _____ I noticed in the balance sheet.

6 細心の注意を要することを話すので、内密にしてください。妻と私は別れることにしたんです。

I'm sharing _____ delicate _____ you, so please keep it _____. My wife and I have decided to separate.

7 内密に話をしてもいいですか？ 私は辞表を提出しようと思っているんです。

Can we _____ in _____? I'm thinking of _____ in my resignation.

8 ほんとうに内密に、あなたに話す必要があるのだけれど。第1四半期の売上速報値がかなり目標を下回っているんだ。

I need to tell you something in the strictest _____. The preliminary sales figures for the first _____ are considerably _____ target.

9 あなたがどれほど慎重さを重んじているかわかっているから、安心してこれをあなたと共有するのですが。今年はボーナスのレベルを引き下げなければならないんですよ。

I know how _____ you value _____, so I feel confident _____ sharing this with you. We'll have to reduce the level of bonuses this year.

10 この会話はわれわれの間だけのものだからね。取締役会はうちのメインの競合企業との合併を話し合っているようなんだ。

This conversation is just _____ the two _____ _____. It seems that the board is discussing a merger with our main _____.

11 あなたが秘密を漏らすような人じゃないのはわかっているから、この話を共有するんだけど。営業部長の空きに志願するつもりなんだ。

I _____ you're not the _____ of person who will blab, so I'm sharing this with you. I'm going to apply _____ the opening as head of sales.

12 これから話すことを、あなたの内に留めてくれるだろうと信じているけれども。マーケティング部のマネージャーを解雇することを考えているんだよ。

I trust you'll _____ what I'm about to say to _____. I'm thinking of _____ the marketing manager.

HINTS ❷ill health「病気；不健康」❸bankrupt「倒産」❹application「申請」❻separate「離婚する；別居する」❼resignation「辞表」❽preliminary sales figures「売上の速報値」❿merger「合併」⓫opening「欠員」

Answers —— DL-11

1. I **know** that you're **able** to keep a secret, so I'm sure you'll keep this **to** yourself. Our head of finance has just been offered a new position at a competitor company.
2. This information is strictly **for** your ears **only**. The CEO has decided to step **down** because of ill health.
3. I really need to **know** that you won't **share** this information with anyone else at the moment. Our U.S. partner is in danger of **going** bankrupt.
4. **Can** you **promise not** to share this information with anyone else for the time being? It's likely that our new patent application will be approved.
5. Do you mind **if** we speak **confidentially**? I need to tell someone about some **discrepancies** I noticed in the balance sheet.
6. I'm sharing **something** delicate **with** you, so please keep it **private**. My wife and I have decided to separate.
7. Can we **speak** in **confidence**? I'm thinking of **handing** in my resignation.
8. I need to tell you something in the strictest **confidence**. The preliminary sales figures for the first **quarter** are considerably **below** target.
9. I know how **much** you value **discretion**, so I feel confident **in** sharing this with you. We'll have to reduce the level of bonuses this year.
10. This conversation is just **between** the two **of us**. It seems that the board is discussing a merger with our main **competitor**.
11. I **know** you're not the **kind** of person who will blab, so I'm sharing this with you. I'm going to apply **for** the opening as head of sales.
12. I trust you'll **keep** what I'm about to say to **yourself**. I'm thinking of **firing** the marketing manager.

12

Informing Someone Based on Hearsay

噂を伝える

1 ・ Check the Phrases

私たちの知識のすべてが経験によって直接もたらされるわけではありません。また、直接経験したことだけに会話の内容を絞り込んでしまうと、話のネタはすぐになくなってしまうことでしょう。私たちの会話の内容の多くが、ほかのだれかの話や多様なメディアを通して二次的に得られた知識に基づいていることは、とても自然なことなのです。個人的な経験から出た話題ではなく、伝え聞いたことに基づいて話をするときには、聞き手にその旨を伝えることが重要です。話の内容が正確でない、あるいは真実ではないことがあるからです。可能なら、情報源を加えながら話すようにするといいでしょう。それが難しい場合には、情報源が不確かであることをはっきりと伝えましょう。

①

I heard from... that〜. …から〜と聞いたんです

もっともシンプルな伝聞表現。情報源も同時に述べることができます。情報源が不確かなら、I've been told that...（…と聞いています）や People are saying that...（みんなは…と言っています）などを使うといいでしょう。

②

I heard a rumor that... …という噂を耳にしました

ある種の噂が情報源である場合には、この言い方が使えます。

類似表現
- **Rumor has it that...**（噂では…ということです）
- **There's talk/a rumor going around that...**（…という話／噂が出回っています）
- ※もっと慣用句を含む言い方には、I heard it through the grapevine that...（人伝えに…と聞いたんです）や The word on the street is that...（世間では…と言っています）などがあります。

③

I heard from a reliable source that...

信頼できる情報源から…と聞きました

56

情報がただの漠然とした噂ではなく、**信頼できるところから出たものであることを強調したい場合には、この表現**を用いるのがいいでしょう。

類似表現

- **People in the know are saying that...**（事情通は…と言っています）
- **I found out/discovered from an authoritative source that...**
  （信頼できる筋から…だと知ったんです）

4

According to... …によると

第三者やニュースメディア、ソーシャルメディアなどの情報の出所を最優先で述べたいときには、このシンプルなフレーズが役に立ちます。

5

Apparently, ... どうやら…らしいです

伝える情報の出所が自分自身でない場合には、Apparently, ...（どうやら…らしい）と、シンプルな副詞を用いた表現もできます。また、It seems/appears that...（…のようです；…らしいです）も同様の意味合いになる言い回しです。

6

This could be completely untrue, but...

完全に嘘かもしれないけれども…

伝える情報が不正確なことが十分にあり得そうな場合には、この言い回しが役立ちます。

類似表現

- **I don't know whether to believe this or not, but...**
  （これを信じるべきかどうかわからないのですが…）
- **This might (well) be complete garbage/rubbish, but...**
  （完全なゴミ情報かもしれないけれども…）
- **I'd take this with a grain of salt if I were you, but...**
  （私があなたなら話半分に受け取るけれども…）

2 · Fill-in-the-Blank Training

1 CFOから新しい会計ソフトに投資すると聞きました。

I heard _____ the CFO _____ we're going to invest in new
_____ software.

2 どうやら、今年採用した新しいスタッフはとてもいい働きをしているらしいです。

_____, the new staff we recruited this year are _____
very well.

3 製品試験の調査結果は概してポジティヴだったと信頼できる情報源から聞きました。

I heard _____ a reliable _____ that the results from the product
_____ surveys were generally positive.

4 CEOがわが社の輸出戦略の大幅な変更を提案するところだという噂を耳にしました。

I _____ a _____ that the CEO is about _____ propose major
changes in our export strategy.

5 これを信じるべきかどうかわかりませんが、わが社の英国のパートナー企業が財政的な問題を抱えているという噂があります。

I don't know _____ to _____ this _____ not, but there's talk
that our U.K. partner is having financial problems.

6 取締役会がいくつかの不採算工場を閉鎖することを計画しているという噂が出回っています。

There's talk _____ _____ that the board is planning to close
some unprofitable plants.

7 新たな経営プランの実施が予定より遅れているようです。

_____ seems _____ implementation of the new management plan is
_____ schedule.

8 噂によると、わが社の経営権取得のオファーが受け入れられるようです。

I heard _____ through the _____ that our offer to acquire a
controlling interest is likely to be _____.

9 マーケティング部長によると、EU諸国での新たな販売機会が広がっているとのことです。

According _____ the _____ of marketing, new sales opportunities in
EU countries are _____ up.

10 これは完全なデマかもしれませんが、来年わが社は新規雇用を凍結する予定だと聞きました。

This could _____ _____ untrue, but I heard talk that we'll be
_____ a freeze on new hires next year.

11 私ならこれは話半分に受け取りますが、会社がアメリカオフィスを閉鎖する予定だと聞きました。

_____ take _____ with a _____ of salt if I were you, but I heard
that we're going to close the U.S. office.

12 事情通は、中央銀行が金利を引き下げるだろうと言っていますよ。

People _____ the _____ are saying that the central bank is going to
_____ interest rates.

HINTS ❷perform「(仕事などを)行う」❸survey「調査」❹propose「提案する」, strategy「戦略」❺financial「財政上の」❻unprofitable「儲からない」❼implementation「実施；実行」❽acquire「獲得する」, controlling interest「経営権」❾marketing「マーケティング；市場戦略」❿put a freeze on...「…を凍結する」⓫close「閉鎖する」⓬interest rates「金利」

Answers —— DL-12

1. I heard **from** the CFO **that** we're going to invest in new **accounting** software.
2. **Apparently**, the new staff we recruited this year are **performing** very well.
3. I heard **from** a reliable **source** that the results from the product **testing** surveys were generally positive.
4. I **heard** a **rumor** that the CEO is about **to** propose major changes in our export strategy.
5. I don't know **whether** to **believe** this **or** not, but there's talk that our U.K. partner is having financial problems.
6. There's talk **going around** that the board is planning to close some unprofitable plants.
7. **It** seems **that** implementation of the new management plan is **behind** schedule.
8. I heard **it** through the **grapevine** that our offer to acquire a controlling interest is likely to be **accepted**.
9. According **to** the **head** of marketing, new sales opportunities in EU countries are **opening** up.
10. This could **be completely** untrue, but I heard talk that we'll be **putting** a freeze on new hires next year.
11. **I'd** take **this** with a **grain** of salt if I were you, but I heard that we're going to close the U.S. office.
12. People **in** the **know** are saying that the central bank is going to **cut** interest rates.

13

不安／安心を伝える

1 · Check the Phrases

気持ちそのものを表現したいのか、なぜその気持ちになっているのかという原因にまで触れるのか、その感情がどのくらい強いのかによって、さまざまな言い回しがあります。

①

I'm feeling anxious. 不安なんです

シンプルに感情を伝える言い回し。現在進行形を現在形に変え、I feel... としてもほぼ同じですが、現在進行形の方がやや即時的で直接的な感じがします。

②

I'm feeling (a bit/a little) on edge. ［ちょっと］不安な気持ちなんです

不安を表すイディオム（慣用句）の一種で、I'm feeling uneasy.（［不安で］落ち着かないんです）や I can't relax.（［不安で］リラックスできないんです）などと近い意味。

類似
表現 | • **I'm feeling edgy.**（不安です）

③

I'm feeling a bit worried about... …がちょっと心配なんです

about... のあとに原因を置けば、心配の原因もいっしょに言える表現です。

置き
換え | • worried → anxious, uneasy

④

I'm really stressed about... …で大きな不安を抱えているんです

感情表現は必ずしも feel「動詞」を使う必要はなく、「be 動詞＋形容詞（あるいは過去分詞）」でも十分です。stressed out という表現もよく使われ、out は「完全に」という意味合いで、表現を少し強めます。また out を加えると、口語的になり、日常会話でとてもよく使われます。

⑤

I'm in a total panic about... …で完全にパニックになっているんです

とても強い不安を表すときに使える表現。I'm at my wits' end about...（…で途方に暮れているんです）も同じ意味合いを表すことができるイディオム表現です。

⑥

I'm (feeling) (so) relieved about...

…のことで［とても］ほっとしています

安心感を表すもっともシンプルなフレーズ。so, very, really などの副詞を用いれば感情の強さをつけ加えることができます。

⑦

Thank goodness for that. ああ、よかった

なにかしら不愉快な出来事を乗り切ったときによく使われるひとことです。

⑧

That's a real weight off my shoulders.

ほんとうに肩の荷が降りました

非常によく使われる慣用表現。

類似
表現 ● **That's a real weight off my mind.**（ほんとうに心が軽くなりました）

⑨

I can finally breathe a sigh of relief. やっと安堵の吐息がつけます

緊張が解けた場面などで吐息をついてそれを表すことはよくありますね。そのあとでこの表現を使うとぴったりです。

⑩

You have no idea how relieved I feel to...

…して、どれほど安心したか、あなたにはわからないでしょうね

安心した気持ちをかなり強く表すフレーズです。話している相手が想像しているよりも、さらに強い安心感を自分が抱いていると思われる場面で使われます。

1 来月の株主総会のことがかなり心配なんです。

I'm _____ quite anxious _____ the _____ meeting next month.

2 売上収益を増やす方法を考えるのに途方に暮れているんです。

I'm _____ my wits' _____ trying to come up _____ ways to increase sales revenue.

3 弊社最大の債務者がやっと請求書の支払いをした。ああ、よかった！

Our biggest debtor finally settled their _____. _____ goodness _____ that!

4 税務署の監査が近づいていて、完全にパニックになっているんです。

I'm in a _____ _____ about the _____ audit by the tax office.

5 ついに新たな最高財務責任者を採用した。ほんとうにほっとしたよ。

We finally _____ a new CFO. That's a huge _____ _____ my mind.

6 報告書提出の締め切りがとても近いので、気持ちが安まりません。

The deadline for _____ my report is so close _____ I just _____ relax.

7 四半期の決算報告書を仕上げて、ほんとうに肩の荷が降りました。

Having _____ the quarterly financial report is a real weight _____ my _____.

8 やっと新規契約にサインして非常にほっとしています。

I feel incredibly relieved _____ finally _____ the new _____.

9 うちの部の来年の予算カットが提案されていて、完全に参っています。

I'm totally stressed _____ about the _____ cuts to my department's _____ next year.

10 やっと安堵の吐息がつけます。取締役会が新しい経営プランにゴーサインを出したんです。

I can finally _____ a sigh of _____. The board has given the _____ light to the new management plan.

11 去年転職したことでどれほど安心したか、あなたにはおわかりにならないでしょう。

You have _____ idea how _____ I was to switch _____ last year.

12 今日はちょっと不安なんです。明日に予定されている私の人事考課面接のことを考えているから。

I'm _____ bit _____ edge today. I'm thinking about my performance review _____, which is scheduled for tomorrow.

Answers ── DL-13

1. I'm **feeling** quite anxious **about** the **shareholders'** meeting next month.
2. I'm **at** my wits' **end** trying to come up **with** ways to increase sales revenue.
3. Our biggest debtor finally settled their **invoice**. **Thank** goodness **for** that!
4. I'm in a **complete panic** about the **upcoming** audit by the tax office.
5. We finally **recruited** a new CFO. That's a huge **weight off** my mind.
6. The deadline for **submitting** my report is so close **that** I just **can't** relax.
7. Having **completed** the quarterly financial report is a real weight **off** my **shoulders**.
8. I feel incredibly relieved **about** finally **signing** the new **contract**.
9. I'm totally stressed **out** about the **proposed** cuts to my department's **budget** next year.
10. I can finally **breathe** a sigh of **relief**. The board has given the **green** light to the new management plan.
11. You have **no** idea how **relieved** I was to switch **companies** last year.
12. I'm **a** bit **on** edge today. I'm thinking about my performance review **interview**, which is scheduled for tomorrow.

Expressing Interest

興味を示す

1・Check the Phrases

興味を示す英語には多くの表現法があります。他者と言葉のやり取りをする他の場面同様、表現はその場の状況や、話をしている相手との関係などに影響を受けます。しかし、心に留めておくべき重要なことは、フレンドリーなトーンで話したり、相応しいボディーランゲージを使ったり、アイコンタクトを行ったり、頷いたり、フォローの質問をしたりしながら、相手の話への純粋な関心を示すことなのです。

①

That's really interesting. とても興味深いですね

興味や関心を示すときの、**もっともシンプルで一般的な**フレーズ。ただし、interestingはインパクトがあまりない単語なので、代わりにほかの形容詞を選択することを考慮するのもいいでしょう。

置き換え
- interesting →**fascinating**(魅了する；魅惑的な)、**intriguing**(興味をそそる；おもしろい)、**insightful**(洞察に満ちた)、**impressive**(印象的な)、**stimulating**(刺激的な；興味を引き起こす)、**thought-provoking**(示唆に富む)、**gripping**(強く心を捉える；実におもしろい)、**affecting**(心を打つ)
- ※これらはもちろんinterestingの同義語ではありませんが、状況に合った語をひとつ選択すれば、あなたの英語はよりスパイス豊かになり、自信に満ちたものになるでしょう。

②

Can/Could you tell me (a bit/a little) more about...?

…についてもうちょっと話してもらえますか？

こちらも興味を示すときに使われる**一般的な表現**です。ニュートラルな響きなので、どのような状況で用いても大丈夫です。

64

3

That's a very interesting take on the subject.

それは、その話題に関するとても興味深い見解ですね

ある人の視点がトピックに関する新たな考え方を与えてくれたときに、その人の言葉に対する関心を高めることはよくあります。そんな場面では、この表現がぴったりです。

類似表現
- **That's a really novel way of looking at it.**(それは非常に斬新な見方ですね)
- **I'd never thought about it in that way before.**
  (これまでそれを、そんなふうに考えたことはありませんでしたよ)
- **That puts everything in a new light.**(それは、すべてを新たな光で照らしますね)
- **That really gives me food for thought.**(それは、ほんとうに考えさせられますね)

4

That's the most amazing story I've ever heard.

それは私が聞いた中でももっとも驚くべき話ですよ

相手の言葉がなにかしらで私たちを驚かせた場合にも、私たちは興味や関心を示します。そんなときにはこの例のようなちょっと**大袈裟な言い回し**で言葉を返すのが一般的です。上の例文では形容詞amazingが用いられていますが、状況によって別の形容詞に置き換えてもいいでしょう。

置き換え
- amazing →surprising(驚かせる)、incredible(信じられない)、awesome(すごい)、shocking(ショッキングな)、terrifying(恐ろしい)

I'm really enjoying this, so please go on.

話をとても楽しんでいるので、どうぞ続けてください

自分があまりにも話しすぎていて、相手を退屈させていないか心配になる場合がありますが、そのような場面で、話を聞いている側が相手の心配を解消させたいときに「退屈などしていないので、どうぞ続けてください」という意味で使います。

2 · Fill-in-the-Blank Training

1 あなたがそうやって起業したことは知りませんでした。すごく興味深いですね。

I never knew that was _____ you started your company. _____
_____ fascinating.

2 御社がIoT技術の初期の導入社だったとは、すごい洞察力でしたね。

It _____ really insightful _____ you to be an _____ adopter of IoT
technology.

3 御社がどのようにスポーツウェア市場でNo.1企業になったのか、もっと知りたくてヤキモキしています。

I can't _____ to find out _____ about _____ you became the No.1
company in the sportswear market.

4 御社のヒット商品設計の話を聞くのはとても楽しいですよ。話をやめないでください。

I'm really _____ hearing about how you _____ the hit
product, so please _____ stop.

5 あなたの投資戦略に関してもうちょっとお話ししていただけますか？

Could you _____ me _____ little _____ about your investment
strategy?

6 あなたのAIに関する記事は、すべてに新たな光を当ててくれます。

_____ article on artificial intelligence puts _____ in a _____
light for me.

7 それは、有能なスタッフ採用法の選択に関するとても興味深い見解ですね。

That's _____ very interesting _____ on _____ how to recruit
talented staff members.

8 あなたのビジネスパートナーがあなたから騙し取ろうとしているというのは、これまで聞いた中でもっともショッキングな話ですよ。

Your business partner trying to defraud you is the _____ shocking
_____ I've _____ heard.

9 あなたの拡大計画の説明の仕方は、とても考えさせられます。

The _____ you describe your expansion plans really gives me _____
for _____.

10 そんな方法でサプライチェーンを組織することは、これまで考えてもみませんでした。

I'd _____ thought about _____ a supply chain in _____
way before.

11 マラソンを走ったこと、もっと話してくれる？　すごく疲れたに違いないよね。

Can you _____ _____ more about running a marathon? It must have
_____ exhausting.

12 あなたの新会社の成功は、これまで聞いた中でももっとも驚くべき話ですね。もっと教えてください。

I think your startup's success is the _____ amazing story I've _____
heard. Tell me _____.

HINTS ❷insightful「洞察力に満ちた」❸market「市場」❺investment strategy「投資戦略」❻article「記事」, artificial intelligence「人工知能」❼recruit「（新規）採用する」, talented「才能のある」❽defraud「騙し取る；詐取する」❾describe「説明する；話す」, expansion「拡大」⓫exhausting「ひどく消耗させる」⓬startup「新会社」

Answers —— DL-14

1. I never knew that was **how** you started your company. **That's really** fascinating.
2. It **was** really insightful **of** you to be an **early** adopter of IoT technology.
3. I can't **wait** to find out **more** about **how** you became the No.1 company in the sportswear market.
4. I'm really **enjoying** hearing about how you **designed** the hit product, so please **don't** stop.
5. Could you **tell** me a little **more** about your investment strategy?
6. **Your** article on artificial intelligence puts **everything** in a **new** light for me.
7. That's **a** very interesting **take** on **choosing** how to recruit talented staff members.
8. Your business partner trying to defraud you is the **most** shocking **story** I've **ever** heard.
9. The **way** you describe your expansion plans really gives me **food** for **thought**.
10. I'd **never** thought about **organizing** a supply chain in **that** way before.
11. Can you **tell me** more about running a marathon? It must have **been** exhausting.
12. I think your startup's success is the **most** amazing story I've **ever** heard. Tell me **more**.

第1章 — 基本表現26 — No.14

15 Expressing and Responding to Appreciation

感謝の表現と返事

1 ・ Check the Phrases

だれかがなにかをしてくれたときのもっともシンプルな感謝の表現は Thank you (very much) for -ing.（…してくれて［大変］ありがとう）という言い方です。特に相手が近しい友人でないときや、社会的、あるいは職業上、目上の立場にある人であった場合は、この表現では力不足かもしれないと感じるかもしれません。下記に、心からの丁寧な感謝の表現を複数取り上げています。だれかに感謝されたときにカジュアルに返事をするのには、Sure.（構わないよ；どういたしまして）［おもにアメリカ英語］や You're welcome.（どういたしまして）などがよく使われます。笑顔と明るいトーンの声で使うといいでしょう。感謝への返事にも他人や上司などに使うのに相応しいよりフォーマルな言い回しがあります。

1

I really appreciate your help in...

…を手伝ってくれて、ほんとうに感謝しています

感謝表現では、必ずしも thank you や thanks を含む言い方をする必要はありません。この例のように代わりに動詞の appreciate を使う方法もあります。

類似表現
- I'm really very grateful for...（…についてほんとうにとても感謝しています）
  ※ really は必ず付加する必要はないのですが、付加したほうがより親身な響きになります。

2

I don't know what I would have done without you.

あなたなしでは、私になにができたかわかりません

これはかなり強く感謝を表す言い回しです。

類似表現
- I couldn't (possibly) have managed without you.
  （あなたなしでは［おそらく］うまくいかなかったでしょう）

3

Thank you for everything you've done to...

…するのにあなたがしてくれたすべてに感謝しています

Than you のあとに so much を加えるとさらに感謝の気持ちを強く表現できます。

4

I can't thank you enough for...

…についていくら感謝しても足りません

シンプルに Thank you for... と表現するよりもずっと強く感謝の気持ちが伝わるフレーズです。

類似表現
- **You have my deepest thanks for...**(…について心から感謝しています)

5

Don't mention it. 気にしないで

感謝してくれた相手への、かなりニュートラルな響きの返答です。

類似表現
- **It was my pleasure.**(どういたしまして)
- **Think nothing of it.**(気にしないで) ※同じようなニュアンスで使えますが、やや古臭い響きで、少しフォーマル度が増します。

6

It was no problem. 大丈夫だよ

さらに気持ちを込めたければ、It was absolutely no problem.(まったく問題ないよ)あるいは It was no problem at all.(なんの問題もないよ) などが使えます。もっとカジュアルなシーンでは、省略で短くなった No problem.(大丈夫) や No worries.(気にしないで) などを使ってもいいでしょう。

7

It means a lot to me to hear that.

そう聞いて、とてもうれしいです

これはとても心のこもった響きの表現です。a lot を great deal や so much に変えても使えます。world(世界) という単語を使って It means the world to me.(ほんとうにうれしいです) とすれば、さらに強い気持ちが伝わります。

1 あなたにお手伝いいただき、早めに売上報告書を完成させられて、ほんとうに感謝しています。

I really appreciate _____ _____ with _____ the sales report in good time.

2 この会社をよりよい職場にするためにあなたが行ってくれたすべてのことに感謝しています。

Thank you for _____ you've done to _____ this company a _____ workplace.

3 気にしないでください。チームのメンバーの話には、いつでもよろこんで耳を傾けますよ。

Think nothing _____ _____. I'm always _____ to lend an ear to one of my team members.

4 あなたが与えてくれたチーム作りのためのすばらしいアドバイスには、ほんとうにとても感謝しています。

I'm _____ very grateful _____ the great team-building advice you've _____ me.

5 気にしないでください。IT関係の問題ならいつでもよろこんで手助けしますよ。

_____ mention _____. I'm always happy to help _____ any IT problems.

6 どういたしまして。いずれにせよ、あまり余分な仕事も必要なかったですし。

_____ _____ my pleasure. In any case, it didn't involve much _____ work.

7 この1年のあらゆるあなたの尽力にとても感謝しています。

_____ you so much _____ all of your hard _____ over the past year.

8 合併案に関するあなたのリサーチには、いくら感謝しても足りません。

I can't _____ _____ enough for the _____ you did on our merger proposal.

9 ありがとう。私がそれほど大きなコストカットに貢献できたと聞いてとてもうれしいです。

_____ you. It means ____ _____ _____ me to hear that I was able to contribute to such a large cost reduction.

10 この計画作りを手伝ってくれてありがとうございます。あなたなしでは、どうなっていたことか。

Thanks for _____ me to draw up these blueprints. I don't know what I would _____ done _____ you.

11 なんの問題もないよ。実際、あのプロジェクトでの仕事は、たくさん新しいことを教えてくれたしね。

_____ was absolutely _____ _____. In fact, working on that project taught me a lot of new things.

12 年次報告をまとめる手助けをしてくれて、ほんとうに感謝しています。あなたなしでは、うまく行かなかったでしょう。

I really _____ all you did _____ _____ compile the annual report. I couldn't have _____ it without you.

HINTS

❶in good time「余裕を持って」❷workplace「職場；仕事場」❸lend an ear「耳を傾ける；話を聞く」❹team-building「チーム形成の」❺IT＝Information Technology「情報工学；技術」❻in any case「いずれにせよ」，involve「必要とする；含む」❼over the past year「ここ1年の」❽merger proposal「合併案」❾reduction「削減」❿blueprint「詳細な計画」⓫project「プロジェクト；事業；計画」⓬compile「編纂する；編集する；まとめる」

Answers ── DL-15

1. I really appreciate **your help** with **finalizing** the sales report in good time.
2. Thank you for **everything** you've done to **make** this company a **better** workplace.
3. Think nothing **of it**. I'm always **happy** to lend an ear to one of my team members.
4. I'm **really** very grateful **for** the great team-building advice you've **given** me.
5. **Don't** mention it. I'm always happy to help **with** any IT problems.
6. **It was** my pleasure. In any case, it didn't involve much **extra** work.
7. **Thank** you so much **for** all of your hard **work** over the past year.
8. I can't **thank you** enough for the **research** you did on our merger proposal.
9. **Thank** you. It means a **lot to** me to hear that I was able to contribute to such a large cost reduction.
10. Thanks for **helping** me to draw up these blueprints. I don't know what I would **have** done **without** you.
11. **It** was absolutely **no problem**. In fact, working on that project taught me a lot of new things.
12. I really **appreciate** all you did **to help** compile the annual report. I couldn't have **managed** it without you.

16 Praise

賛辞・ほめ言葉

1・Check the Phrases

だれかにほめ言葉を贈るときには覚えておかねばならないことがたくさんあります。いい仕事をしたときにほめられて嫌な気持ちになる人はいませんが、過度にほめてしまうと心がこもっていない感じがしてしまいます。逆に、控えめなほめ方を適切に用いた場合には、誠実さが伝わります。また、なにに関してほめ言葉を贈っているのかを具体的に表現するのはとてもよいことです。相手と1対1の状況でほめ言葉を贈るのか、あるいはほかの人もいるときにそうするのかも、重要な要素です。他人の面前でほめられることを気まずいと思う人もいるからです。文化的な背景ももうひとつの重要な要素です。例えば、アメリカ人は日本人よりも、ほめたり、ほめられたりすることを心地よく感じます。

❶

You did an amazing job! すばらしい仕事をしたね！

amazingのほかに次のような形容詞を使ってもよいでしょう。

置き換え
- amazing → **wonderful**（すばらしい）、**spectacular**（目を見張るような；すばらしい）、**awesome**（すごい；すばらしい）、**impressive**（印象的な；すばらしい）、**incredible**（信じられない；すばらしい）、**unbelievable**（信じられない；すばらしい）
- ※これらはいずれもパワフルで強い意味のこもった形容詞です。これらの単語を含むほめ言葉を使うときには、相手がその賞賛に真に値するときにすべきで、相手が賞賛に値しない場面で用いてしまうと、不誠実な響きになってしまうので注意しましょう。同様に、Wow! You're a natural/superstar/genius!（うわぁ！君は生来の達人／スーパースター／天才だね！）といった表現も大袈裟な言い方ですが、笑顔で口にしてあげれば、相手の仕事についてあなたがとてもよい印象を抱いていることを効果的に伝えることができます。

❷

You did a very competent job. とても満足のいく仕事をしましたね

これは❶よりも**控えめなほめ言葉**ですが、誠実な調子の声で言えば、心からのほめ言葉であることが伝わります。「よくやったね」という意味のGood job! やWell done! などを追加するのもいいでしょう。

┃ • competent → solid（堅実な）、commendable（立派な）、neat（手際のいい）

③
────────────────────────────────

I really like the way you... あなたの…のやり方、とてもいいですね

多くの場合、ほめ言葉は相手のなにをほめているのかを具体的にすると、より効果的です。

┃ • It was really impressive how you...（あなたの…のやり方はとても見事でしたね）

④
────────────────────────────────

Thank you, that means a lot to me.

ありがとう、とてもうれしいです

謙虚にそして感謝とともに、ほめ言葉を受けるのが大切です。また、ほめ言葉を拒むのは英語圏の文化では少々ぶしつけだと考えられますので注意が必要です。もう少し感情のこもった返答としては、Your words have made my day!（あなたの言葉、とてもうれしいです！）があります。よりニュートラルに気持ちを伝えたい場合には、I'm so happy/grateful to hear my work is appreciated.（私の仕事が評価されたのを耳にして、とてもうれしいです）といった表現が使えます。

⑤
────────────────────────────────

I couldn't have done it without your help/support.

あなたの助け／サポートがなければ、できなかったでしょう

ほめてくれた相手に対して、**礼儀正しくほめ言葉を返す**のが相応しい場合もあります。そうすることで互いの努力を周囲の人たちと認め合うことが可能です。

⑥
────────────────────────────────

It's very kind of you to say so.

そう言っていただけると、とてもうれしいです

これは**かなりニュートラルな表現**なので、ほとんどどんな場面で使っても問題ありません。

2 · Fill-in-the-Blank Training

1 あのプレゼンでは、すばらしい仕事をしましたね！

You _____ _____ incredible job on that _____!

2 面接の間に志願者の不安感を軽くするあなたの手際はとてもいいですね。

I really like the _____ you made the applicant _____ _____ nervous during the interview.

3 交渉の間、あなたが自分の立場をしっかり守っていたのはお見事でした。

_____ _____ really impressive _____ you stood your ground during those negotiations.

4 ありがとう。あなたのポジティヴな評価はとてもうれしいです。

_____ you. A positive assessment from you _____ a _____ to me.

5 うわぁ！ 君はほんとうに天才だね！ 私なら絶対に君みたいにはあの顧客に対応できなかったでしょう。

Wow! You're an absolute _____! I could _____ have _____ that client like you did.

6 提案の見積もりに関する私の仕事をご評価いただいたと知って、とてもうれしいです。

I'm really grateful to _____ that you appreciated my work _____ _____ the proposal.

7 ご評価ありがとうございます。しかし、あなたの一貫したサポートがなければ、新たな構想は行き詰まっていたでしょう。

Thanks for the recognition, but _____ your consistent support, the new initiative would _____ _____ nowhere.

8 よくやったね！ 時間どおりに報告書を提出して、とても立派な仕事をしたね。

Well _____! You _____ a very commendable job in _____ that report out on time.

9 ありがとうございます。新戦略でわれわれが正しいほうを向いていることを知らせていただき、あなたにはとても助けられています。

Thank you. It's really supportive _____ _____ to acknowledge that we're on the right _____ with our new strategy.

10 とても光栄ですが、私のチーム全体のサポートなしには、決してプロジェクトはスケジュールどおりには終了しなかったでしょう。

I'm very flattered, _____ the project would _____ have _____ wrapped up on schedule without the support of my entire team.

11 ありがとうございます、取引をまとめる際の私の貢献に気づいていただき、とてもうれしいです。

Thanks, it's very kind _____ you _____ notice my _____ to _____ the deal settled.

12 よくやったね！ 新しいデータベースの微調整の仕事はとても手際がよかったね。

_____ job! That was very _____ work on _____ the new database.

Answers —— DL-16

1. You **did an** incredible job on that **presentation**!
2. I really like the **way** you made the applicant **feel less** nervous during the interview.
3. **It was** really impressive **how** you stood your ground during those negotiations.
4. **Thank** you. A positive assessment from you **means** a **lot** to me.
5. Wow! You're an absolute **genius**! I could **never** have **handled** that client like you did.
6. I'm really grateful to **know** that you appreciated my work **on costing** the proposal.
7. Thanks for the recognition, but **without** your consistent support, the new initiative would **have gone** nowhere.
8. Well **done**! You **did** a very commendable job in **getting** that report out on time.
9. Thank you. It's really supportive **of you** to acknowledge that we're on the right **track** with our new strategy.
10. I'm very flattered, **but** the project would **never** have **been** wrapped up on schedule without the support of my entire team.
11. Thanks, it's very kind **of** you **to** notice my **contribution** to **getting** the deal settled.
12. **Good** job! That was very **neat** work on **tweaking** the new database.

17

不満の訴えと不満への対応

1・Check the Phrases

不満を真剣に受け取ってもらうには、丁寧なトーンで、最大限に相手への敬意を払いつつ、感情的になることを避けるべきです。苦情や不満に返事をする場合にもっとも重要なのは、苦情の内容や相手の心情を十分に理解していることを、謝罪の言葉を挟みながら示してあげることです。可能ならば解決策を提示しましょう。

1

I have a complaint about... …について苦情があります

時には、このような直接的な表現が、苦情を真剣に受け取ってもらうのにもっとも相応しい場合もあります。直接的な言い回しでも、直前に I'm (very) sorry, but... といった謝罪のフレーズを加えることで、柔らかくできます。

類似
表現 | • **I'd like to complain about...**(…について苦情が言いたいのですが) など

2

I'm (really) dissatisfied with... …が［とても］不満です

こちらもかなり直接的な言い方ですが、❶のように謝罪のフレーズを添えて和らげることができます。

類似
表現 | • **I'm (very) unhappy about...**(…が［とても］不満です)

3

There's something I need to bring to your attention.

あなたに知ってもらうべきことがあるのです

より間接的で丁寧な苦情の表現です。

類似
表現 | • **There's something you should know about.**
(あなたに知っていただくべきことがあるのです)

4

I'm sorry to say this, but... こう言うのは恐縮ですが…

苦情を申し立てるときに、謝罪のフレーズからスタートした表現の例です。苦情を言う場面でのよい戦略と言えるでしょう。

類似
表現
- I don't like to complain, but...（苦情は言いたくないのですが…）
- I hate to say this, but...（これは言いたくはないのですが…）など

5

I apologize for... …についてお詫びいたします

もっともシンプルで迅速な苦情への謝罪表現。I'm terribly/really sorry for...（…についてほんとうに申し訳ありません）のような言い方もできます。

6

Thank you for bringing this to my attention.

これに気づかせていただきありがとうございます

苦情に対して、よりフォーマルに返事をする表現。

類似
表現
- Thank you for making me aware of this.
  （これに気づかせていただきありがとうございます）

7

I understand how frustrating this must be (for you).

[あなたにとって]これがどれほどいらいらすることか理解しております

相手の苦情に共感するのも一般的な戦略です。

置き
換え
- frustrating →annoying（いらいらさせる；腹立たしい）、irritating（いらいらさせる）など

8

I'm very sorry to hear that. Let me see how I can help you.

それは誠に恐縮です。どのようにお手伝いできるか考えさせてください

謝罪に加え手助けを申し出るのは、苦情処理ではもっともよい戦略です。

9

I'll pass on your comments to the appropriate person.

お客様のご意見を相応しい者にお伝えいたします

時として、自分自身が苦情に対処できる立場にない場合もあります。その場合、より相応しい者が代わりに対応に当たることを、相手に伝えることが必要です。

1 最近こちらで購入したドライヤーについて苦情があります。

I have a _____ _____ the hair dryer I bought _____ you recently.

2 製品に欠陥があると伺って誠に恐縮です。どのようにお手伝いできるか考えさせてください。

I'm very sorry _____ _____ that the product is defective. _____ me see how I can help you.

3 これは言いたくはないのですが、御社は弊社の注文であまりに多くのミスを出したので、新たな仕入れ先との取引を考えているところです。

I _____ to say _____, _____ you've made so many mistakes with our orders _____ we're thinking of going with a new supplier.

4 多くの異なるスタッフにお客様の要求を繰り返さなければならないことで、非常にいらいらさせられていらっしゃるに違いないと理解しております。

I realize _____ it _____ be very annoying for you to _____ to repeat your request to so many different _____.

5 すみませんが、弊社からのコンテナ手配要求への御社の遅い反応に大きな不満を抱えています。

I'm sorry, _____ we're really _____ with your slow _____ to our requests for booking containers.

6 私のアパートの水漏れを確認する人の手配の遅れを非常に不満に思っています。

I'm very _____ _____ the _____ in sending someone to check the water leak in my apartment.

7 度重なる配達遅延があったことを気づかせていただき感謝いたします。

Thank you for _____ me _____ of the repeated cases of _____ delivery.

8 あなたに知ってもらうべきことがあるのです。税に関する疑問をそちらに送ってからもう3週間になりますが、返事が来ていません。

There's _____ I need _____ bring to your _____. It has now been three weeks since I sent you my tax query, and I've had no reply.

9 すみません、恐縮ですが私は払い戻しの質問をお受けしておりません。ですが、ご意見は相応しい者にお伝えいたしますので。

I'm sorry, but I'm afraid I don't deal with refund queries. However, I'll _____ on your _____ to the _____ person.

10 御社のご注文での間違いに関しまして、もっと早めにお返事できなかったことをお詫び申し上げます。

I _____ for not getting _____ to you _____ regarding the mistakes in your order.

11 苦情を言うのは嫌なのですが、隣室の客が夜にとてもうるさいのです。

I _____ like to _____, but the guests in the room _____ door are very noisy at night.

12 顧客サービス担当者と話をするのにとても長くお待ちいただき、非常にいらいらさせられたに違いないと存じます。

I understand _____ frustrating it _____ be for you _____ wait so long to speak to a customer service representative.

❷defective「欠点のある；欠陥のある」❸supplier「仕入れ先；供給元」❺book「手配する；予約する」❻water leak「水漏れ」❽query「疑問；苦情」❾refund「払い戻し」❿regarding...「…に関して」⓬customer service representative「顧客サービス担当者」

1. I have a **complaint about** the hair dryer I bought **from** you recently.
2. I'm very sorry **to hear** that the product is defective. **Let** me see how I can help you.
3. I **hate** to say **this**, **but** you've made so many mistakes with our orders **that** we're thinking of going with a new supplier.
4. I realize **that** it **must** be very annoying for you to **have** to repeat your request to so many different **staff**.
5. I'm sorry, **but** we're really **dissatisfied** with your slow **response** to our requests for booking containers.
6. I'm very **unhappy about** the **delay** in sending someone to check the water leak in my apartment.
7. Thank you for **making** me **aware** of the repeated cases of **late** delivery.
8. There's **something** I need **to** bring to your **attention**. It has now been three weeks since I sent you my tax query, and I've had no reply.
9. I'm sorry, but I'm afraid I don't deal with refund queries. However, I'll **pass** on your **comments** to the **appropriate** person.
10. I **apologize** for not getting **back** to you **sooner** regarding the mistakes in your order.
11. I **don't** like to **complain**, but the guests in the room **next** door are very noisy at night.
12. I understand **how** frustrating it **must** be for you **to** wait so long to speak to a customer service representative.

第1章 — 基本表現26 — No. 17

18 Warning

警告する

1・Check the Phrases

いくつかのタイプの警告表現がありますが、ひとつはリアルタイムで危険に気づいたときに使う表現です。例えば、もしだれかが不注意に自動車の前に飛び出しそうになっていることに気づいたら、Watch out!(気をつけろ！)、Be careful!(注意して！)、Stop!(ストップ！) などと言うかもしれません。看板やラベルなどの Danger!(危険！)、Warning!(警告！)、Use/Proceed with caution.(注意して使用／続行) もあります。または、だれかと直接やり取りしている中で、相手の決断や行動の方針がネガティヴあるいは好ましくない結果につながるかもしれない場合、反対しながらアドバイスしたいときもあるでしょう。この目的で一般的に用いられる表現を紹介します。

1

I wouldn't recommend... 私なら…はお勧めしません

あまり感情のこもっていない、**かなりニュートラルな言い回し**です。recommend の代わりに advise でも OK です。wouldn't ではなく don't を用いると、いくぶん直接的な言い方になります。

2

It's not a good idea to... …するのはいい考えではありませんよ

これも**シンプルかつニュートラルな響き**の表現です。より強い響きにしたければ、absolutely(絶対に)、definitely(絶対に；間違いなく) などの強調の副詞を not の前に置きましょう。

3

If I were you, I'd steer clear of... 私だったら…は避けるでしょうね

If I were you, ... と直接的でない仮定法表現を使うことで、**距離感と丁寧さを醸し出しています**。steer clear of...(…を避ける) はイディオム表現。

80

- **I'd avoid going down that path.**(私ならその道は避けますね)
- **I'd think twice about...**(私なら…については考え直します）など

4

I'd advise against... …しないよう助言します

通常ややフォーマルな状況で使われる言い回しで、知り合いに向かって使うと、かなりよそよそしくなります。

類
似
表
現
- **I'd caution you against...**(私なら…しないよう忠告します)
- **I'd strongly discourage you from...**(…には強く不賛成を表明します)
- **I'd urge you not to...**(…しないよう強く勧めます）など
- ※いずれの表現も would を含んでいる点に注意。

5

It's not advisable to... …するのはお勧めできません

人称代名詞ではなく非人称の代名詞を含んだ It's... を用いることで、**シンプルかつフォーマルな響き**になっています。advisable は wise（賢明な）でも OK。形容詞の前に exactly（必ずしも）を置けば表現を少し柔らかくできます。

6

You'd better (not)... …した［しない］ほうがいい［さもないと…］

had better (not)... は必ず警告のニュアンスを含みます。アドバイスを聞かないと悪い結果が生じるだろうという含みがあるためです。

7

You'd be crazy to... …するなんて、どうかしているよ

これはほんとうによく知っている相手にのみ使える、**明らかに感情的で強烈、直接的な表現**です。形容詞の前に totally, completely, absolutely などの強調の副詞を加えるとさらに強い語調になります。

類似
表現
- **You'd be out of your mind to...**(…するなんて、どうかしちゃったのか)

2 · Fill-in-the-Blank Training

1 私ならそんなに簡単に推測できるパスワードを使うのはお勧めできないな。ハッキングされちゃうかもしれないよ。

I _____ recommend _____ such an easily guessable password.
You could get _____.

2 チームのメンバーがリモートワークできないとあなたが主張するのには、まったく賛成できかねます。数人は辞職するかもしれません。

_____ strongly _____ you from insisting _____ your team
members cannot work from home. Some may resign.

3 私があなたならABC社との取引は避けますね。詐欺の噂がありますから。

_____ I _____ you, I'd steer _____ of dealing with ABC company.
They have a reputation for dishonesty.

4 たったひとつの顧客にそれほど強く頼ることはあまりに賢明ではないですよ。彼らが突然新たな供給元を見つけたらどうするのですか？

_____ not really _____ to depend so extensively on just one client.
What _____ they suddenly find a new supplier?

5 ジェリーを管理職に昇格させないよう助言します。対人関係のスキルがかなり弱いので。

I'd _____ _____ promoting Jerry to a supervisory position
because his interpersonal skills are quite _____.

6 土壇場まで報告書を書くのを放っておくのは、まったくもっていい考えではありませんよ。

It's absolutely not a _____ _____ to leave writing your report till the
last _____.

7 会社のキャッシュフローがとても予測できない時期に拡大を考えるなんてどうかしているよ。

You'd be _____ _____ think of expansion _____ your company's
cash flow is so unpredictable.

8 営業会議に君が遅刻してきたのはこれで二度目だ。もう繰り返さないほうがいいだろうな。

This is the second time you've arrived late at the sales meeting. You'd
_____ _____ do it _____.

9 それほど多くの資金を株式市場に入れるのはリスクが高いよ。私があなたの立場ならそうはしません。

Putting so much money into the stock market is _____. In your
position, I wouldn't _____ _____ that path.

10 私があなたの立場なら、現在の経済環境で辞職するのは考え直しますね。

If I were _____ _____ shoes, I'd think _____ about resigning in the current economic climate.

11 詳細な査定も行わずに新たなベンチャーを立ち上げるなんて、君はまったくどうかしているよ。

_____ be completely _____ of your _____ to launch a new venture without doing due diligence.

12 自らの会社の立ち上げはしないことを忠告します。あなたは会社を成功に導くノウハウを持っていないと思うので。

I'd caution _____ _____ setting _____ your own company. I think you lack the knowhow to make it a success.

❷resign「辞職する」❸dishonesty「詐欺；不正行為」❹extensively「大規模に」❺supervisory「監督の；指揮の」, interpersonal「対人関係の」❻leave「残しておく；取っておく」❼unpredictable「予測できない；変わりやすい」❽ sales meeting「営業会議」❾stock market「株式市場」❿economic climate「経済環境；景気」⓫due diligence 「精査；適正評価」

1. I **wouldn't** recommend **using** such an easily guessable password. You could get **hacked**.
2. **I'd** strongly **discourage** you from insisting **that** your team members cannot work from home. Some may resign.
3. **If** I **were** you, I'd steer **clear** of dealing with ABC company. They have a reputation for dishonesty.
4. **It's** not really **wise** to depend so extensively on just one client. What **if** they suddenly find a new supplier?
5. I'd **advise against** promoting Jerry to a supervisory position because his interpersonal skills are quite **weak**.
6. It's absolutely not a **good idea** to leave writing your report till the last **minute**.
7. You'd be **crazy to** think of expansion **when** your company's cash flow is so unpredictable.
8. This is the second time you've arrived late at the sales meeting. You'd **better not** do it **again**.
9. Putting so much money into the stock market is **risky**. In your position, I wouldn't **go down** that path.
10. If I were **in your** shoes, I'd think **twice** about resigning in the current economic climate.
11. **You'd** be completely **out** of your **mind** to launch a new venture without doing due diligence.
12. I'd caution **you against** setting **up** your own company. I think you lack the knowhow to make it a success.

第1章 ── 基本表現26 ── No.18

責任を取る

1・Check the Phrases

自分のミスを認めることはなかなか難しい場合があります。しかし、社会の中で責任ある人物になるためには、自らのミスや欠点を認め、それらについて責任を取り、結果と向き合い、物事を正すことにやぶさかでない姿勢を示す準備ができていなければなりません。このような姿勢を示すための表現のバリエーションを紹介します。

1

Sorry, it was my fault. ごめんね、私の責任だよ

なにかについて責任を取るときの、**もっともシンプルかつインフォーマルな表現**。ほとんどの場面で用いることができます。より会話調のイディオムを含んだ言い方に、Sorry, I messed up.（ごめん、私の失敗だよ）があります。いずれの表現も、強意の副詞 totally や completely を my fault や messed up の前に置いて、より強い響きにできます。

2

I admit that I'm at fault. 私に責任があると認めます

よりニュートラルな表現で、やはりほとんどすべての状況で用いることが可能です。とてもシンプルに同様のニュアンスを伝える言い方としては、I'm responsible.（私に責任があります）が使えます。

3

I'm completely to blame. Please tell me what I can do to make things right.
完全に私に責任があります。修復のためにできることを教えてください

失敗の責任が自分にある場合、状況を回復するために、このような表現でなにかを提案するのは一般的です。

| ● make things right → make amends（償いをする）、put things right（事態を収拾する；正常に戻す）

4

I own up to my mistake. I'm prepared to face the consequences.

私のミスだと認めます。責任を取る［結果を引き受ける］準備はできています

ミスを認めるときに、own up to...（…を認める）という句動詞もよく使われます。ミスに向き合って、自らの責任を認めることは、一般的なことです。consequences の代わりに repercussions（悪影響）を使うこともあります。さらに、face the music(自分の言動の報いを受ける）というイディオム表現もあります。

5

I accept full blame for everything that happened.

起こったことすべてについて全責任を取ります

なにかの責任を取るときのよりフォーマルな言い回しで、ビジネスシーンに向いています。

類似
表現 | ● I fully accept the blame for the outcome/result.（結果の責任を全面的に取ります）
● I take full responsibility for my actions/behavior.（行動の全責任を取ります）

6

I realize that I'm accountable for this error.

この誤りの責任が私にあると理解しています

もうひとつのよりフォーマルな表現です。I realize that accountability for this situation/mistake/error is mine.（この状況／失敗／誤りの責任が私にあると理解しています）という言い方もあります。

7

I acknowledge the part I played in creating this problem.

この問題が生じるのに私が関与したことを認めます

これもフォーマルに責任を認める言い方。仕事関係で用いるのに向いています。acknowledge は accept の代用として使える動詞です。

2・Fill-in-the-Blank Training

1 すみません。締め切りを逃したのは私の責任です。もう二度といたしませんので。

I'm sorry. ＿＿＿＿＿＿ the deadline ＿＿＿ ＿＿ fault. It won't happen again.

2 新製品の市場規模見積もりを誤った責任は私にあると理解しています。

I ＿＿＿＿＿＿ that I'm ＿＿＿＿＿＿＿ for misjudging the size of the market for the new product.

3 伝達の誤りは完全に私の責任です。修復のためにできることを教えてください。

I'm ＿＿＿＿＿＿＿ ＿＿＿ blame ＿＿＿＿ the miscommunication. Please tell me what I can do to make things right.

4 新入社員にとってネガティヴな環境を生み出したことに私が関与したことを認めます。

I acknowledge the ＿＿＿＿＿ I ＿＿＿＿＿＿ in creating a negative atmosphere for new ＿＿＿＿＿.

5 どうか謝罪をお受け取りください。あなたのご判断を疑ったのは完全に私の間違いです。

Please accept my ＿＿＿＿＿. I was totally ＿＿＿ the wrong to ＿＿＿＿＿ your judgment.

6 私が紛らわしいデータを入力したことを認めます。責任を取る準備はできております。

I ＿＿＿＿ up ＿＿＿ entering misleading data. I'm prepared to ＿＿＿＿ the consequences.

7 貨物の出荷の遅れに関して生じたすべてについては、私が全責任を取ります。

I accept ＿＿＿＿ ＿＿＿＿ for everything ＿＿＿＿ happened with regard to the delays in shipping the cargo.

8 私に責任があると認めます。チームの行動をもっとしっかり監視しているべきでした。

I admit ＿＿＿＿ I'm ＿＿＿ fault. I ＿＿＿＿＿ have monitored my team's actions more carefully.

9 新しいバッテリーの試作品の失敗の全責任が私にあることを認めます。

I ＿＿＿＿ accept the ＿＿＿＿ for the ＿＿＿＿ of the prototype of the new battery.

10 ごめん、僕の失敗だ。トレーニングセミナーに関する通知を送るのを完全に忘れていたよ。

_____, I _____ up. I completely _____ to send _____ a reminder about the training seminar.

11 予算オーバーの責任が私にあることを理解しています。

I realize _____ accountability _____ exceeding the budget limits is _____.

12 顧客と仲違いして契約を失った全責任は私が取ります。

I _____ _____ responsibility for _____ the client and losing the contract.

Answers ── DL-19

1. I'm sorry. **Missing** the deadline **was my** fault. It won't happen again.
2. I **realize** that I'm **accountable** for misjudging the size of the market for the new product.
3. I'm **completely to** blame **for** the miscommunication. Please tell me what I can do to make things right.
4. I acknowledge the **part I played** in creating a negative atmosphere for new **recruits**.
5. Please accept my **apology**. I was totally **in** the wrong to **doubt** your judgment.
6. I **own up to** entering misleading data. I'm prepared to **face** the consequences.
7. I accept **full blame** for everything **that** happened with regard to the delays in shipping the cargo.
8. I admit **that** I'm **at** fault. **I should** have monitored my team's actions more carefully.
9. I **fully** accept the **blame** for the **failure** of the prototype of the new battery.
10. **Sorry, I messed** up. I completely **forgot** to send **out** a reminder about the training seminar.
11. I realize **that** accountability **for** exceeding the budget limits is **mine**.
12. I **take full** responsibility for **alienating** the client and losing the contract.

責任を否定する

1・Check the Phrases

責任を取るのを拒むときには、2種類の状況が考えられます。ひとつは、私たちが行動を起こす前に責任を拒否する場合です。例えば、もしだれかが私たちに対して、定められている責任や能力の範囲外のなにかをしろと要求した場合、「ノー」というのは正当だと感じることでしょう。もうひとつは、すでに起きてしまっていることについて責任を取るように要求される場合です。個人的なことでも職務上のことでも、自分の行動の責任を持つことはもちろん重要です。しかし、時には、責任を否定しなければならない状態や、なにかについての非難を避けなければならない状態に置かれることもあります。それが自らの過ちでなく、ほかの人やコントロールできない状況が引き起こした場合です。責任を避けたり非難を逸らしたりする場面で使える多様な表現を確認していきましょう。

1

I'm not responsible for that. その責任は私にはありません

責任を否定する場面で使える、**もっともシンプルでニュートラルな表現**。より強く気持ちを込めたい場合には、There's no way I'm responsible.（私が責任を負うなんてことはあり得ません）やI'm absolutely not responsible.（完全に責任は私にはありません）などと言えます。

2

I'm afraid that's not part of my job description.
申し訳ありませんが、それは私の職務記述書に書かれていません

自分の義務・責務を超えた仕事などを要求された場面で使える便利な表現です。表現を丁寧にするため、ここではI'm afraid... という謝罪フレーズを加えています。よりフォーマルな言い回しに、That falls outside my remit.（それは私の責任の範囲外です）があります。

3

I'm sorry, but that's not my department.

すみませんが、それは私の担当じゃありません

❷と同じ意味の、よりカジュアルな言い回しです。department は実際の組織内の部署を指しているのではなく、「担当；仕事の範疇」といった意味。

4

Sorry, but that's someone else's problem, not mine.

すみませんが、それは私ではなく、ほかの人が対処すべき問題です

時には率直になる必要もありますが、こういったダイレクトな言い方を使うときにはケアも必要になります。

5

It wasn't my fault. それは私のせいじゃありません

すでに起こったことが自分のせいではないと主張する場面で使えるもっともシンプルな言い回しです。

類似表現 | • That was nothing to do with me.（私にはまったく関係ありません）

6

You can't hold me accountable for that.

その責任を私に追わせることはできませんよ

hold accountable というフレーズはフォーマルな響きがあります。

類似表現 | • I'm not answerable for that.（私には責任はありません；釈明の義務はありません）

7

I had no say in what happened.

起こったことは、私の手に負えることではありませんでした

生じたなんらかの結果を変える力が自分になかった場合に使える言い回しです。absolutely（まったく）という副詞を加えて表現を強調できます。have no say は「発言権・影響力がない」という意味。

1 申し訳ありませんが、投資の決定を承認することは私の責任の範囲外です。

I'm afraid _____ approving investment decisions falls _____ my
_____ .

2 すみませんが、コンピューターのメンテナンスは私の責任ではありません。

Sorry, _____ I'm _____ _____ for computer maintenance.

3 起こったことには、私は発言権がなかったのです。イタリアオフィスを閉鎖する決定は、私に対処できることではなかったのです。

I _____ no _____ in what happened. The decision to close down the
Italian office was _____ _____ my hands.

4 すみませんが、新しいインターンの教育は私の仕事ではありません。

I'm _____ , but mentoring new interns is _____ _____ department.

5 マーケティング予算削減の決定には私はまったく関係がありません。

I _____ absolutely _____ to do _____ the decision to cut the
marketing budget.

6 お手伝いはしたいのですが、費用請求の処理は私ではなくほかの人が対処すべきことです。

I'd like to help, but dealing with expense claims is _____ _____
problem, not _____ .

7 バランスシートの作成での誤りは、まったくもって私の責任ではありません。

I'm in _____ way accountable _____ the errors in _____ up the
balance sheet.

8 会議を欠席したのは私のせいではありません。それについてだれも教えなかったのです。

It _____ my _____ I missed the meeting. _____ one told me
about it.

9 前四半期のよくない売上高の責任を私に負わせることはできませんよ。

You can't _____ me _____ for last _____ poor sales
figures.

10 恐縮ですが、人事部との連携作業は私の職務記述書には書かれておりません。

I'm afraid that _____ with HR is not _____ of my job _____ .

11 あの会計事務所を雇用したことは後悔しているけれども、彼らがおかしたすべてのミスは私の責任ではないよ。

I regret _____ that accounting firm, but I'm _____ answerable _____ all the mistakes they made.

12 不適切なオフィス家具購入の決定は、私にはなんの関係もありません。

The decision to purchase unsuitable office _____ was _____ to do _____ me.

HINTS ❶investment「投資」❷maintenance「メンテナンス」❸close down「閉鎖する」❹mentoring「若手教育」❺ budget「予算」❻expense claim「費用請求」❼draw up「作成する」❽miss「欠席する」❾sales figures「売上高」 ❿liaise with...「…と連携して働く」⓬unsuitable「不適切な；不似合いな」

Answers —— DL-20

1. I'm afraid **that** approving investment decisions falls **outside** my **remit**.
2. Sorry, **but** I'm **not responsible** for computer maintenance.
3. I **had** no **say** in what happened. The decision to close down the Italian office was **out of** my hands.
4. I'm **sorry**, but mentoring new interns is **not my** department.
5. I **had** absolutely **nothing** to do **with** the decision to cut the marketing budget.
6. I'd like to help, but dealing with expense claims is **someone else's** problem, not **mine**.
7. I'm in **no** way accountable **for** the errors in **drawing** up the balance sheet.
8. It **wasn't** my **fault** I missed the meeting. **No** one told me about it.
9. You can't **hold** me **accountable** for last **quarter's** poor sales figures.
10. I'm afraid that **liaising** with HR is not **part** of my job **description**.
11. I regret **hiring** that accounting firm, but I'm **not** answerable **for** all the mistakes they made.
12. The decision to purchase unsuitable office **furniture** was **nothing** to do **with** me.

謝罪と返答

1 • Check the Phrases

ほかの表現群と同様、やはり話している相手との関係（上位／下位／同等のステータス）が表現を選択する場面では大切です。もうひとつの重要な要素はなにに関して謝罪しているかという点です。例えば、人混みの中で偶然だれかにぶつかってしまったといった些細なことで謝罪をしているのか、ミスをして会社の重要なクライアントを失ってしまった場合のように重要なことで謝罪しているのかで、表現は大きく異なってきます。

1

(I'm) Sorry. すみません

謝罪表現の中でもっともシンプルな言い方で、比較的些細なことで謝罪する場面でのみ用いられます。より深刻な状況でこのフレーズを用いてしまうと、真剣に考えていないように聞こえるので注意が必要です。terribly（非常に）、awfully（誠に）、really（ほんとうに）などの強意の副詞を加えて表現を強めることが可能です。terribly, awfully はフォーマルさが増し、really はインフォーマルな響きを加えます。また、Excuse me.（すみません）も非常によく似た言い回しです。I'm sorry. も Excuse me. も尻上がりの口調で話すと、相手の言葉が聞き取れなかったときに繰り返してもらえるかと依頼する言い方にもなります。

2

I apologize for... …についてお詫びします

なにに関して謝罪しているのかを明らかにできる便利な表現です。I'd like to apologize for ...ing.（…したことについてお詫びさせてください）という表現もよく使われます。

類似
表現
- I'm sorry for ...ing.（…してごめんなさい）
- I'm (really) sorry that...（…して［ほんとうに］すみません）など

Please accept my apology for...

…について謝罪の言葉を受け取ってください

よりフォーマルな謝罪表現で、文書の中で多く見られます。複数形のapologies を使うことも多いのですが、意味はまったく同じです。

類似
表現
- **Please forgive me for...**（…のことをご容赦ください）
- **I owe you an apology for...**（…についてあなたに謝罪しなければなりません）など

4

I deeply regret... …を深く後悔しています

deeply（深く）からもわかるように、これは**フォーマルで強い謝罪の言葉**です。 また、trulyを用いても同様のニュアンスが出せます。I'm deeply/truly sorry for/ that...（…ということを深く後悔しています）も同様の表現。

5

I'd like to express my sincere apologies for...

…について心からのお詫びを申し上げます

こちらもかなりフォーマルな言い回し。apologiesの代替としてregret(s)を使うこ ともできます。

6

That's all right/OK. 大丈夫だよ

謝罪へのもっともシンプルな返答です。意味を強めたいときには、all right/OK の前にperfectly（完全に；まったく）という強意の副詞を置きましょう。また、こ の表現のあとには相手を安心させる効果があるDon't worry about it.（心配しない で）のような言い回しを加えます。また、もう少しフォーマルな表現に、Thank you for apologizing.（謝罪してくれてありがとう）、I accept your apology.（謝罪を受け 入れますよ）、Apology accepted.（謝罪は受け入れましたよ）などがあります。

7

Let's put this behind us. このことは水に流しましょう

過去のことは水に流して将来のよい関係を築く道が開けたことを強調できます。

類似
表現
- **Let's forget this and move on.**（このことは忘れて、前進しましょう）

1 今日の企画会議に出席できなくてほんとうにすみません。避けられないスケジュールの重なりがありまして。

I'm _____ sorry _____ I couldn't attend the planning meeting today. I had an _____ schedule clash.

2 予算の準備でもっとサポートすることができなかったことをお許しください。

Please _____ me for _____ _____ more supportive in the budget preparations.

3 まったく大丈夫だよ。報告書の計算ミスは簡単に直せたから。

That's perfectly _____ _____. The calculation errors in the report were _____ to fix.

4 すみません。あなたの席に座ってしまって軽率でした。

Excuse _____. It was thoughtless _____ me _____ sit in your seat.

5 供給元との交渉でもっと積極的になれなかったことは、心から謝罪いたします。

_____ like to _____ _____ sincere apologies for not being more proactive in negotiating with our supplier.

6 すみません。不器用にも、あんなふうにあなたにぶつかってしまって。

I'm _____. _____ was clumsy _____ me to bump into you like that.

7 商品の発送がスケジュールより遅れてしまいましたことについて謝罪の言葉を受け取ってください。

_____ _____ my apology for being behind schedule in _____ the goods.

8 新製品に関してあなたの間違いを認めてくれてありがとう。この件は忘れて、先に進みましょうか。

Thanks for _____ that you were in the wrong about the new product. Shall we _____ this and _____ on?

9 昨日の議論での無礼についてお詫びをしなければなりません。

I _____ _____ an apology _____ my rudeness in our discussion yesterday.

10 わが社の中国市場戦略の変更について、あなたの助言を聞かなかったことを深く後悔しています。

I _____ regret not _____ to your advice about _____
our marketing strategy in China.

11 あなたのＥメールへのお返事が遅れたことをお詫びいたします。

I'd like to _____ _____ my _____ response to your email.

12 謝罪は受け入れましたよ。だれでもミスはありますから。この件は水に流して、前進しましょう。

Apology _____. We all make mistakes. Let's put this _____ us
and _____ forward.

HINTS ❶schedule clash「スケジュールの重なり」❸calculation「計算」❹thoughtless「軽率な；不注意な」❺proactive「積極的な；先を読んで行動する」❻clumsy「不器用な」, bump into...「…にぶつかる」❼dispatch「発送する；送る」❽acknowledge「認める」❾rudeness「失礼；無礼」

Answers —— DL-21

1. I'm **really** sorry **that** I couldn't attend the planning meeting today. I had an **unavoidable** schedule clash.
2. Please **forgive** me for **not being** more supportive in the budget preparations.
3. That's perfectly **all right**. The calculation errors in the report were **easy** to fix.
4. Excuse **me**. It was thoughtless **of** me **to** sit in your seat.
5. **I'd** like to **express my** sincere apologies for not being more proactive in negotiating with our supplier.
6. I'm **sorry**. **It** was clumsy **of** me to bump into you like that.
7. **Please accept** my apology for being behind schedule in **dispatching** the goods.
8. Thanks for **acknowledging** that you were in the wrong about the new product. Shall we **forget** this and **move** on?
9. I **owe you** an apology **for** my rudeness in our discussion yesterday.
10. I **deeply** regret not **listening** to your advice about **changing** our marketing strategy in China.
11. I'd like to **apologize for** my **delayed** response to your email.
12. Apology **accepted**. We all make mistakes. Let's put this **behind** us and **move** forward.

22

Encouraging and Responding to Encouragement

激励と激励への返答

1・Check the Phrases

だれかが問題を抱えていたり、困難な時期を過ごしていたりするとき、私たちは自然と激励の言葉を掛けたくなります。そんな場合の表現も英語には数多くあります。状況によっては、**Don't give up!**(諦めるな！) のようなシンプルな励ましが相応しいときもありますが、そうでないときもあります。相手の状況がさらに深刻であるように思えるときには、相手への理解や思いやりのフレーズを加えるのがいいでしょう。激励や励ましの言葉への返答にもカジュアルなものからフォーマルなものまでさまざまな表現が存在します。

1

Don't give up! 諦めないで！

なんらかの困難に直面している人を励ますときに使えるもっともシンプルで一般的な表現のひとつです。

類似表現
- **You can do it! / You've got this!**(君ならできる！)
- **Keep going! / Keep it up!**(その調子で頑張れ！)
- **Don't stop now!**(立ち止まらないで！)
- **Believe in yourself!**(自分を信じて！)
- **You're doing great!**(君はよくやっているよ！)
- **Stay focused!**(集中し続けて！)
- **Keep moving forward!**(前進し続けて！)

2

I know it must seem tough, but...

難しそうに思えるに違いないのはわかるけど…

もしだれかがより難しい問題に直面しているときに**1**のように言うと、こちらが問題を真剣に捉えていないように思われてしまいます。より難しい場面で相手を励ますときは、**長い表現を使って、こちらが相手の困難を理解していることを伝えましょう。**

- **Even when times are hard,...**（困難なときであっても…）
- **No matter what you're facing,...**（君がなにに直面していたとしても…）
- **I know you've had hardships/problems/tough times, but...**
（君が苦しんで／問題を抱えて／苦労しているのはわかっているけれど…）

3

I have faith/confidence in your abilities.
あなたの能力を信じていますよ

よりフォーマルな激励表現です。職場の上司が部下に向かって、あるいは学校の教員が生徒に向かってよく使う表現です。より強調したいときには、形容詞を加えた the utmost faith（最高の信頼）や every confidence（全面的な信頼）を使いましょう。

4

Thanks for your support. 支援してくれてありがとう

もっとも一般的でシンプルな激励に対する返事のひとつです。もう少しフォーマルにするならば、I (really) appreciate your encouragement.（激励にほんとうに感謝しています）や I'm touched by your faith in me.（私を信頼してくれて感激しています）などを使いましょう。

5

It really inspires me to hear that... …と聞くと奮起させられます

相手の激励が自分の感情にどのように影響を与えたかを述べていて、やや個人的な響きの表現です。

- **You've really boosted my confidence.**（おかげで自信が高まりました）
- **That's really motivating for me.**（モチベーションがとてもアップしました）

6

I won't let you down. あなたをがっかりはさせません

相手に励まされたときに、約束の言葉を返事にすることもあります。

- **I won't disappoint you.**（がっかりはさせません）
- **I'll keep working hard.**（頑張り続けます）

2 • Fill-in-the-Blank Training

1 君はよくやっているよ！ この種のパフォーマンスを続ければ、社内で成功することだろう。

You're _____ great! If you _____ _____ this kind of performance, you'll go far in the company.

2 ほんとうにあなたの激励には感謝しています。あなたがいなければ、私が月次セールスの目標を達成することはできませんでした。

I truly _____ your _____. I could never have achieved my _____ sales target without you.

3 部を運営する経験が十分ないことは心配しないことだ。君にならできるさ！

Don't worry that you don't have _____ experience to run a department. _____ _____ this!

4 あなたが私の能力にそれほどの信頼を置いてくださっていると聞くと奮起させられます。

It really _____ me to _____ that you have so much _____ in my abilities.

5 難しそうに思えるに違いないのはわかるけど、君が集中を続ければ、交渉で会社のためによい取引を勝ち取れるとわかっているよ。

I know it _____ _____ tough, but I know you'll win a good deal for the company in the negotiations if you stay _____.

6 最近の会社の再編で君が苦労していることはわかっているけれど、進み続けることが重要なんだよ。

I _____ that you've been going through some hard _____ with the recent corporate restructuring, but it's important to _____ going forward.

7 このプロジェクトを成功させるまでやり通すあなたの能力に、最高の信頼を置いているのです。

I have the _____ confidence _____ your ability to see this project through to a _____ conclusion.

8 特許申請の準備のためにあなたが与えてくれた手助けは、ほんとうに計り知れないほど有益でした。ご支援、ほんとうにありがとうございました。

The _____ you gave me to prepare the patent application was truly invaluable. Thank you so much _____ your _____.

9 締め切りが不可能に思えたとしても、やり続けなさい。最後にはうまくいくよ！

Even _____ the deadline seems _____, keep going. You'll get there in the _____!

98

10 あなたがなにに直面していようと、自分を信じればなんでもできるさ！

No _____ _____ you're facing, anything is possible if you _____
in yourself!

11 私が昇進を確保する手助けでは、あなたが重要な役割を果たされたと伺いました。あなたをがっかりはさせませんので！

I heard you were instrumental in helping me secure my _____.
I won't _____ _____ down!

12 困難なときであっても、会社を黒字に戻すために最高の努力を続けていきましょう。

Even _____ _____ are hard, _____ keep on making our best
efforts to get the firm back in the black.

❶go far「成功する」❷sales target「売り上げ目標」❻restructuring「再編成；リストラ」❼see...through to〜「…を〜までやり通す」, conclusion「結果；成果」❽patent application「特許申請」❾get there「成功する」⓫instrumental「有益な；助けになる」, secure「確保する」⓬black「黒字」

Answers —— DL-22

1. You're **doing** great! If you **keep up** this kind of performance, you'll go far in the company.
2. I truly **appreciate** your **encouragement**. I could never have achieved my **monthly** sales target without you.
3. Don't worry that you don't have **enough** experience to run a department. **You've got this!**
4. It really **inspires** me to **hear** that you have so much **faith** in my abilities.
5. I know it **must seem** tough, but I know you'll win a good deal for the company in the negotiations if you stay **focused**.
6. I **understand** that you've been going through some hard **times** with the recent corporate restructuring, but it's important to **keep** going forward.
7. I have the **utmost** confidence **in** your ability to see this project through to a **successful** conclusion.
8. The **help** you gave me to prepare the patent application was truly invaluable. Thank you so much **for** your **support**.
9. Even **if** the deadline seems **impossible**, keep going. You'll get there in the **end**!
10. No **matter what** you're facing, anything is possible if you **believe** in yourself!
11. I heard you were instrumental in helping me secure my **promotion**. I won't **let you** down!
12. Even **when times** are hard, **let's** keep on making our best efforts to get the firm back in the black.

第1章 — 基本表現26 — No.22

23

Asking for Knowledge/Information

知識や情報を求める

1・Check the Phrases

情報を求めるときには、おもに3つの要素によって通常使われる表現の選択肢が決まります。(1) どのくらい相手をよく知っているか（家族／友人／同僚／見ず知らずの人物）、(2) 相手のステータス（上位／同等／下位）、(3) たずねていることの難易度。これらを念頭に適切な表現を使えるように練習しましょう。

1

How can/do I display this information in a table?

どうすればこの情報を表に入れて表示できますか？

よく知っている人物と話しているときには、How can/do I...? などの**シンプルで直接的な表現**を使っても、相手には攻撃的な口調と受け取られることはありません。ただし、自分より立場が上の人物や見ず知らずの相手に向かって使うのは控えるのがふつうです。

2

Could you tell me how to access the database?

データベースへのアクセス法を教えていただけますか？

Could you...? は、おそらく、ものをたずねる場面で、**もっとも一般的かつ安全な方法**です。シンプルでニュートラルな響きの表現でもあります。Could you...? の疑問文を使う利点は、相手がネガティヴな対応をしやすい状況を作れることです。また、もしあなたがよく知らない人や上位の人物と話す場合や、たずねていることがシンプルではない場合には、Could you possibly...? とpossibly(よろしければ)を加えるのがいいでしょう。無理に頼み込んでいる響きを薄めることができます。Can you...? でも構いませんが、より直接的な言い方なので、よく知っている人と話すときや比較的簡単なことをたずねる場面で用いるのがよいです。

3

Do you have any idea how I can calculate the shipping costs?

どうすれば送料を計算できるかわかりますか？

知識や情報を求める場面で、**より直接的ではない質問の仕方**です。すでに相手に知識があると決めつけて考えずに、相手に知識があるかどうかをたずねる形式にすることで、必ずしも相手からの肯定的な返事を期待していないことが伝わります。そのため、相手も「わからない；知らない」などの否定的な返事がしやすくなるのです。

4

I was wondering if you knew how to file a tax return.

あなたが納税申告の仕方をご存知かなあと思っていたのですが

これも相手の知識を求める形だった❸の表現に似ていますが、**さらに間接的な言い回しなので、より丁寧な表現**です。was wonderingやknewなどの過去時制を用いて現在の瞬間から表現を過去へと遠ざけることで、相手との距離感を増し、より丁寧度を上げています。

5

I'm sorry to trouble/bother you, but I was wondering if you could (possibly) summarize the finance report for me.

ご面倒をおかけして恐縮ですが、[ひょっとして]財務報告書を要約してもらえないかなぁと思っていたのですが

最初にI'm sorry to trouble you, but... と謝罪の表現でスタートしていて、**もっとも間接的で丁寧なたずね方**になっています。やや押しつけがましく相手に時間を取ってもらっていることを、こちらも認識していることが伝わる表現です。よく知っている人に対しても使う場合はありますが、使う場面は相手が非常に忙しいか疲れているといった特殊な場面に限定されます。通常こういった表現法は、見ず知らずの人物や上長に対して使うと、より相応しいものになります。また、この表現もpossiblyを加えることでさらに丁寧度を上げることが可能です。

1 このプリンターのインクカートリッジはどうやって交換すればいいでしょうか？

_____ do _____ change the ink _____ in this printer?

2 ご面倒をおかけして恐縮ですが、いちばん近い郵便局への道を教えていただけるかなあと思っていたのですが。

_____ sorry to trouble _____, but I was wondering _____ you could possibly direct me to the closest post office.

3 値引きされた電車の切符を買う方法はおわかりになりますか？

Do you _____ _____ idea _____ to buy discounted train tickets?

4 どうすればチェスが上手くなれますか？

How _____ _____ get better _____ chess?

5 手頃な賃料のアパートを見つける方法をご存知かなあと思っていたのですが。

I was _____ if you knew _____ I might find an apartment _____ a reasonable rent.

6 ご面倒をおかけして恐縮ですが、この書類の書き方を教えていただくことができるかなあと思っていたのですが。

I'm sorry to _____ you, but I was _____ _____ you could show me how to fill in this form.

7 どうすれば正しくファイルにラベルをつけられるか教えていただけますか？

Could _____ tell me _____ to label these files in the _____ way?

8 御社のWi-Fiシステムにログインする方法をご存知かなと思っていたのですが。

I was _____ if you _____ _____ I can log into your company's Wi-Fi system.

9 東京からメルボルンまで品物を発送するもっともよい方法を教えていただけますか？

Could _____ _____ me the best way to _____ goods from Tokyo to Melbourne?

10 どうすればスマホで天気予報が見られますか？

_____ _____ I get the weather forecast _____ my smartphone?

11 ご面倒をおかけして恐縮ですが、このソフトをどうやって使うかご説明いただけるかなぁと思っていたのですが。

I'm _____ to bother you, _____ I was wondering if you _____ explain how this software works.

12 この情報をグラフの形で表現する方法はおわかりになりますか？

Do you have any _____ _____ I can express this information in the _____ of a graph?

Answers —— DL-23

1. **How** do **I** change the ink **cartridges** in this printer?
2. **I'm** sorry to trouble **you**, but I was wondering **if** you could possibly direct me to the closest post office.
3. Do you **have any** idea **how** to buy discounted train tickets?
4. How **can I** get better **at** chess?
5. I was **wondering** if you knew **how** I might find an apartment **with** a reasonable rent.
6. I'm sorry to **trouble** you, but I was **wondering if** you could show me how to fill in this form.
7. Could **you** tell me **how** to label these files in the **correct** way?
8. I was **wondering** if you **knew how** I can log into your company's Wi-Fi system.
9. Could **you tell** me the best way to **ship** goods from Tokyo to Melbourne?
10. **How can** I get the weather forecast **on** my smartphone?
11. I'm **sorry** to bother you, **but** I was wondering if you **could** explain how this software works.
12. Do you have any **idea how** I can express this information in the **form** of a graph?

知識や情報をたずねる

特定の物事に関する知識や情報を持っているかどうか、相手に丁寧にたずねるときの表現はたくさんあります。無理に返事をさせられているように相手に感じさせないために、なんらかの方法で柔らかい言い回しにすることを心がけましょう。例えば、I really don't know much about...(ほんとうに…についてあまりよく知らなくて)、I really have no idea about...(ほんとうに…がまったくわからなくて)といった言い方で、自分の知識不足を告白してもいいでしょう。あるいは、I'm sure you know much more about this than I do.(きっとこれは私よりあなたのほうがよく知っていると思って)、I'd like to tap your superior knowledge on...(…に関するあなたのすばらしい知識を引き出させていただきたくて) といった言い方で、相手をほめてみるのもいいでしょう。

①

Do you know anything about...?

…についてなにか知っていますか？

おそらくこれが、だれかに知識や情報をたずねるときの、もっともシンプルな表現です。

類似表現
- **Do you have any information on...?**(…に関する情報はありますか？)
※どちらの表現も、Do you happen to...?(ひょっとして…ですか？) でスタートすれば少し柔らかい言い方になります。

②

Can you provide me with some information on...?

…に関して少々情報を提供してもらえますか？

provideという動詞を使い、少しフォーマル度が高くなっています。

③

Are you familiar with...? …には詳しいですか？

familiarのような形容詞を用いることで、**ニュートラルな響きが出せます。** familiar with... の代わりに、conversant with...(…に精通して) や knowledgeable about...(…に詳しい；精通して) を使っても OK です。

4

I was wondering if you knew anything about...

…についてなにかご存知かなぁと思っていたのですが

直接的な質問を避け、さらに knew と過去時制を用いることで、**かなり間接的でフォーマルな表現**になっています。押しつけがましく質問しているような響きを避けたい場合や、相手が見知らぬ人や立場が上の人に質問する場面で有用な表現です。if のあとに by any chance(ひょっとして) を加えて If by any chance you knew... とすると、さらに距離感のある言い回しになります。

類似
表現
  ● **I was curious to know whether...**(…かどうか知りたいと思っていたのですが)

5

Can you shed any light on...?

…についてなにか手掛かりをいただけますか？

情報をたずねるときのイディオムを含んだ言い回しです。この表現も、by any chance を加えたり、I was wondering if... で始まるセンテンスに変えたりすることで距離感、丁寧度を増すことが可能です。

6

I'd like to know something about...

…について少々知りたいのだけれど

自分の相手に対する地位が相応しい場合や、たずねている相手が知りたい情報を知っていると予想できるような場合には、疑問文でなく、上記のような直接的な表現を使うことができます。

類
似
表
現
  ● **Tell me about...**(…について教えて)
  ● **Give me some information on...**(ちょっと…に関する情報をください)
  ● **I'm looking for details of...**(…の詳細を知りたいのだけど) など

1 ニューヨークへの航空券の価格についての詳細が知りたいのですが。助けていただけますか？

I'm looking _____ _____ of air ticket prices _____ New York. Can you help me?

2 タックスコードの最近の変更についてなにかご存知ですか？

Do you _____ _____ about the latest _____ to the tax code?

3 もしかして、性格査定の種類についてお詳しいですか？ もしそうなら、お知恵を拝借したいのですが。

Do you _____ to be conversant _____ different types of personality assessments? If _____, I'd like to tap your knowledge.

4 ひょっとして、面接がいつ行われるかなにか情報をお持ちですか？

Do you happen to _____ any _____ _____ when the interviews will be held?

5 ちょっとわからないのですが。提案されたビジネスの提携が進みそうかどうか知りたかったんです。

I'm a bit in the dark. I was _____ to know _____ the proposed business tie-up is likely to go _____.

6 もし可能でしたら、あなたにアメリカのMBAコースの情報を少々ご提供いただきたいのですが。

If _____, I'd like you to _____ me _____ some information on MBA courses in the United States.

7 あなたの部署ではどのように部下をトレーニングしているのかちょっと知りたいと思っていまして。

I'd _____ to _____ something about _____ you're training the junior staff in your department.

8 ほんとうに困っているんです。銀行でローンを依頼する最良の方法をあなたがご存知かなぁと思っていたのですが。

I'm really _____ a loss. I was _____ if you knew anything about the best _____ to approach the bank for a loan.

9 建設スケジュールに関して少々情報を提供してもらえますか？

Can you _____ me _____ some _____ on the construction schedule?

10 あなたがいつも実情に通じていることはわかっています。ひょっとしたら拡大に向けた取締役会の計画に関して手掛かりなどいただけますでしょうか？

I know you always have your finger on the pulse. Can you by _____ chance _____ _____ light on the board's plans for expansion?

11 AIについてほんとうによく知らないんです。もしかしてそのテーマにお詳しいですか？

I really don't know very _____ about AI. _____ you familiar _____ the topic, by any _____?

12 ここで少々苦労しているんです。もしや価格予測に関して精通していらっしゃいますか？

I'm _____ a little here. Do you happen ____ be _____ about price forecasting?

❷tax code「【英】タックスコード；【米】税法」❸conversant「精通している」, personality assessment「性格査定；判断」, tap「（情報などを）引き出す」❹interview「面接；インタビュー」❺in the dark「わからずに；知らずに」❼junior「地位・役職が下位の」❽approach「依頼する」❿have one's finger on the pulse「現状・実情に通じている」⓬flounder「苦労する；困難に直面する」, price forecasting「価格予測」

Answers —— DL-24

1. I'm looking **for details** of air ticket prices **to** New York. Can you help me?
2. Do you **know anything** about the latest **changes** to the tax code?
3. Do you **happen** to be conversant **with** different types of personality assessments? If **so**, I'd like to tap your knowledge.
4. Do you happen to **have** any **information on** when the interviews will be held?
5. I'm a bit in the dark. I was **curious** to know **whether** the proposed business tie-up is likely to go **ahead**.
6. If **possible**, I'd like you to **supply** me **with** some information on MBA courses in the United States.
7. I'd **like** to **know** something about **how** you're training the junior staff in your department.
8. I'm really **at** a loss. I was **wondering** if you knew anything about the best **way** to approach the bank for a loan.
9. Can you **provide** me **with** some **information** on the construction schedule?
10. I know you always have your finger on the pulse. Can you by **any** chance **shed any** light on the board's plans for expansion?
11. I really don't know very **much** about AI. **Are** you familiar **with** the topic, by any **chance**?
12. I'm **floundering** a little here. Do you happen **to** be **knowledgeable** about price forecasting?

第1章 ― 基本表現26 ― No.24

Giving/Refusing to Give Information

情報を与える／与えるのを拒む

1・Check the Phrases

1

Here's what I know about...

…について私の知っていることはこうです

シンプルでカジュアルな口調の表現で、一般的には友人やよく知っている相手に向かって使います。

類似表現
● Let me tell you about...（…について教えてあげるよ）

2

Let me fill you in on... …について教えてあげるよ

❶ととても似ていますが、違いは、fill you in on...（…についてあなたに情報を与える）という、とても一般的なイディオム表現を含んでいる点です。

3

To the best of my knowledge, ... 私の知る限りでは…

時には自分の持っている情報が100%確かかどうかわからないこともあります。そんな場面では、このようなリスク回避のフレーズを利用しましょう。

類似表現
● As far as I know, ...（私の知っている限りでは…）
● This may not be entirely accurate, but...
（これは完全に正確ではないかもしれないけれど…）など

4

According to my sources,... 私の情報源によれば…

別の情報源から得たことを単純に述べていると、伝えたいときもあります。

類似表現
● I've heard people saying that...（みんなが…と言っているのを聞いたことがあります）

5

I'd be glad to, but could you be a bit more specific about...? よろこんで、でももう少し…についての詳細をいただけますか?

相手の質問が少し漠然としていて、よい返事をするのに困るときは、相手にもう少しクリアな質問をもらうようにしましょう。

類似表現
- **Could you give me a bit more detail about...?**
  (…についてもう少し詳しく教えてもらえますか?)
- **Would you mind clarifying what you want to know?**
  (知りたいことを明確にしてもらってもいいですか?) など

6

I'd rather not discuss that. その件を話すのは遠慮しておきます

さまざまな理由から**情報共有をしたくない場合の断りの表現**です。少し柔らかくしたいなら、If you don't mind, ...（あなたに問題がなければ…）やIf it's OK with you, ...（あなたがよければ…）などの節を加えましょう。

7

I'm not free/at liberty to say.

自由に／勝手に話すことはできないんです

情報をシェアしてはいけない**ルールで規制されている場合**などに使えます。

類似表現
- **I'm afraid I can't share that with you.**
  (残念ながら、それはあなたと共有できないのです)
- **I'm not in a position to discuss that.**(私はそれを話せる立場にないのです)
- **That's privileged information.**(それは部外者に教えられない情報なのです)
※これらはすべて、フォーマルな場面での使用が多い言い回しです。

8

I'm under strict instructions not to disclose that.

公にしないように厳重な指示を受けているのです

⑦に近い言い方ですが、さらにフォーマルでビジネスや公式の場などで用いることがもっとも多い表現です。

類似表現
- **I'm bound by confidentiality not to reveal/disclose that.**
  (それを公にしない守秘義務があるのです)
- **I have/I'm under no obligation to reveal/disclose that.**
  (私にはそれを公にする義務はありません) など

1 あなたが問題なければ、以前の雇い主についての私の気持ちを話すのは遠慮させてください。

If you don't _____, _____ _____ not discuss my feelings about my previous employer.

2 私の知る限りでは、今会計年度に新スタッフを雇用する予定はありません。

To the _____ of my _____, we are not looking to take on any new staff this _____ year.

3 昨日の取締役会で起こったことを教えてあげるね。

_____ me tell you _____ _____ happened at the board meeting yesterday.

4 私には、会社の供給元の差し迫った訴訟に関する情報をどのように得たかを公にする義務はありません。

I'm _____ no _____ to reveal how we obtained the information about our supplier's impending _____ case.

5 新しい市場戦略の練り上げに関してCEOが言ったことをちょっと教えてあげますね。

I'd like to just _____ you in _____ what the CEO said about _____ a new marketing strategy.

6 私の情報源によると、競合他社がわれわれのものに非常によく似た製品を発売しようとしています。

According _____ my _____, our competitors are _____ to launch a product very similar to ours.

7 契約が完了するまでは内容を公開しないよう厳重な指示を受けているんです。

I'm _____ strict _____ _____ to disclose the content of the contract until it is finalized.

8 新しいトレーニングプログラムのアイデアについて、あなたに最新情報を説明してもいいでしょうか？

I _____ ____ I could bring _____ up to speed on ideas for the new training program.

9 会社の福利厚生の説明はよろこんでしますけど、なにが知りたいのかもう少し具体的にできますか？

I'd be glad to _____ our benefits package, but could you be a bit _____ specific about _____ you want to know?

10　この情報は完全に正確ではないかもしれないけれど、今年の収益はこれまでで最高になるようです。

This _____ may not _____ entirely _____, but this year's revenue seems likely to be our highest ever.

11　来年の市場拡大プランについて、私の知っていることはこうです。

_____ what I _____ _____ the plans for market expansion next year.

12　新製品開発のアイデアについては自由に話せる立場にありません。

I'm not at _____ _____ talk about our new _____ development ideas.

HINTS

❶previous「前の」❷take on...「…を雇用する」❸board meeting「取締役会」❹impending「差し迫った」❺formulate「練り上げる」❻launch「売り出す」❼finalize「完結させる；仕上げる」❽bring someone up to speed「…に最新情報を把握させる」❾benefits package「福利厚生」❿revenue「収益」⓫market expansion「市場拡大」

Answers ―― DL-25

1. If you don't **mind**, **I'd rather** not discuss my feelings about my previous employer.
2. To the **best** of my **knowledge**, we are not looking to take on any new staff this **fiscal** year.
3. **Let** me tell you **about what** happened at the board meeting yesterday.
4. I'm **under** no **obligation** to reveal how we obtained the information about our supplier's impending **court** case.
5. I'd like to just **fill** you in **on** what the CEO said about **formulating** a new marketing strategy.
6. According **to** my **sources**, our competitors are **about** to launch a product very similar to ours.
7. I'm **under** strict **instructions not** to disclose the content of the contract until it is finalized.
8. I **wonder if** I could bring **you** up to speed on ideas for the new training program.
9. I'd be glad to **explain** our benefits package, but could you be a bit **more** specific about **what** you want to know?
10. This **information** may not **be** entirely **accurate**, but this year's revenue seems likely to be our highest ever.
11. **Here's** what I **know about** the plans for market expansion next year.
12. I'm not at **liberty to** talk about our new **product** development ideas.

第1章 ― 基本表現26 ― No. 25

111

26 Reminding Someone to do Something

行うべきことを思い出させる

相手になにかを忘れずにするよう思い出させるための表現にも、さまざまなものがあります。表現の選択は、ほかの機能を持つ表現と同様、話している相手との関係、話をしている状況などに左右されます。相手になにかを忘れずにしてねと確認する場面では、当然ですが相手への尊敬の念を持ちつつ、押しつけがましい言い方にならないようにすることが重要です。ただし、より直接的に、あるいは攻撃的にならざるを得ない場面も存在します。例えば、頼んでいたことを相手がやっていないことに、こちらがいらいらしていることを示したいときなどです。ただし、そういったフレーズを使う場面でも、当然、十分な配慮を怠らないようにする必要があります。

①

Remember to/that... …するのを忘れないで／忘れないで…してね

カジュアル、インフォーマルに相手になにかを思い出させるときのもっともシンプルな表現。Don't forget to/that...(…するのを忘れないで) とも。

②

Just a friendly reminder to/that...

…するのを／…を忘れないよう、念のためのお知らせです

こちらもカジュアルな響きのリマインド表現。もう少し丁寧にしたければ、I'd like to give you a friendly reminder.(念のためお知らせいたします) と言えます。I wanted to remind you...(あなたに…をお知らせしたいと思いまして) はさらにもう少し丁寧な言い方です。

③

I wanted to jog your memory about...

…について思い出してもらいたいと思って

jog your memory「記憶を呼び起こす」というイディオムを含んだインフォー

マルな言い回し。過去時制と might を用いて、I thought I might just jog your memory.（ただ、あなたに思い出していただけるかなと思いまして）とすれば、より丁寧な言い回しになります。

4

This is (just) a gentle nudge to...

念のためだけど…するのを忘れないで

nudge は「やさしく押す」という意味で、このコンテクストではよく使われます。「やさしく押して相手に思い出させる」というニュアンス。

5

I don't want you to overlook/forget...

…をうっかり見落とさない／忘れないでほしいのです

これはわずかにフォーマル度の高い言い方で、ビジネスシーンでよく使われます。oversee（監督する）という単語と overlook（うっかり見落とす）を混同しないように注意しましょう。

6

It's important to keep in mind that...

…を忘れないことが重要です

もうひとつのよく使われる、ややフォーマル度の高い表現です。keep in mind は bear in mind と置き換え可能です。

7

How many times have I told you to/that...?

…しなさいと／…と、私は君に何度言ったかな?

無遠慮で率直な言い方で、何度言っても相手が指示どおりに動かないことにいら立っている場面で使います。これらの表現は場面によっては役に立ちますが、相手の気持ちを害する可能性もあるため、**利用するときは特段の注意が必要です**。

類似
表現　● **I've told you time and time again.**（私はあなたに何度も繰り返し言いましたよね）

1 あなたに新しい役職への申請の締め切りが3月31日だと思い出してもらいたくて。

I _____ to remind you _____ the _____ for applications for
the new position is March 31st.

2 今日の3時半に営業チームと話をする予定になっていることを忘れないでね。

_____ that we're _____ _____ talk to the sales team
at 3:30 today.

3 あなたが確実に携帯のコンテンツを定期的にバックアップするのを忘れないよう、念のためのお知らせです。

_____ a _____ reminder _____ make sure that you regularly
back up the contents of your phone.

4 すぐにEメールに返事をしないのは容認できないと、私はあなたに何度言ったかな？

How many _____ _____ I told you _____ failing to respond
promptly to emails is unacceptable?

5 あなたがマーケティングセミナーに出席するつもりかどうか金曜までに私に知らせてもらうために、念のためご連絡しました。

_____ a friendly `_____ _____ let me know by Friday if you
intend to attend the marketing seminar.

6 過去2四半期の間、会社が売り上げ目標を達成していないのを忘れないことが重要です。

It's _____ to keep in _____ that we haven't hit our _____
targets for the past two quarters.

7 念のためだけど、今日オフィスを出る前にアリスのお誕生日カードにサインするのを忘れないでね。

This is _____ a _____ nudge to sign the card for Alice's birthday
_____ you leave the office today.

8 カレンダーにパーティーの日付の印をつけるのを忘れないでね。

_____ _____ to mark the date _____ the party on your calendar.

9 オフィス内で怒りを露わにすることは許されないと、私はあなたに何度も何度も言いましたよね。

I've told you _____ and _____ again that the company will not
tolerate displays of _____ in the office.

10 明日が期限になっている財務報告書について、ちょっとあなたに思い出していただけるかなと思いまして。

I _____ I might just jog your _____ about the financial report, which is _____ tomorrow.

11 新しい税法に関してチームに簡潔に説明する（ブリーフィングする）ことを忘れないでほしいのです。

I _____ want _____ to overlook _____ your team on the new tax regulations.

12 企画会議の議題を書き上げることを確実に忘れないようにしてください。

Please be _____ not to _____ to draw up an agenda for the _____ meeting.

❶application「申請；申し込み」❷schedule「予定する」❸regularly「定期的に」❹unacceptable「容認できない；受け入れられない」❻quarter「四半期」❽mark「印をつける」❾tolerate「大目に見る；許容する」, display「表出；露わにすること」❿financial report「財務報告書」⓫tax regulations「税法」

Answers ── DL-26

1. I **wanted** to remind you **that** the **deadline** for applications for the new position is March 31st.
2. **Remember** that we're **scheduled to** talk to the sales team at 3:30 today.
3. **Just** a **friendly** reminder **to** make sure that you regularly back up the contents of your phone.
4. How many **times have** I told you **that** failing to respond promptly to emails is unacceptable?
5. **Just** a friendly **reminder to** let me know by Friday if you intend to attend the marketing seminar.
6. It's **important** to keep in **mind** that we haven't hit our **sales** targets for the past two quarters.
7. This is **just** a **gentle** nudge to sign the card for Alice's birthday **before** you leave the office today.
8. **Don't forget** to mark the date **of** the party on your calendar.
9. I've told you **time** and **time** again that the company will not tolerate displays of **anger** in the office.
10. I **thought** I might just jog your **memory** about the financial report, which is **due** tomorrow.
11. I **don't** want **you** to overlook **briefing** your team on the new tax regulations.
12. Please be **sure** not to **forget** to draw up an agenda for the **planning** meeting.

2章

章

こなれた表現24

洗練された英語コミュニケータになるための、
ワンランク上のこなれた24の表現。
会話でもメールでもこの表現を使いこなせば、
印象がよりUP!

Asking for Suggestions

提言を求める

1・Check the Phrases

提言や提案を求めるときには、suggest（提案する）、suggestion(s)（提案）、recommend（推薦する：勧める）、recommendation(s)（推薦；助言；提案）、idea(s)（考え；アイデア）、advise（助言する；勧める；アドバイスする）、advice（助言；アドバイス）といった表現がよく用いられます。advise（動詞）と advice（名詞）の綴り方に注意しましょう。また、advice は抽象名詞なので、複数形にならないことにも注意が必要です。だれかに提案や提言を求める場面ではできるだけ明確化することが大切です。相手がくれた提案や助言への感謝を必ず示すことも忘れないようにしましょう。

1

What do you suggest? あなたはなにを勧めますか？

相手から提案を引き出すときに使えるもっともシンプルな表現。What do you recommend?（あなたはなにを推薦しますか？）も同様のシンプルな表現となりますが、suggest と recommend は意味に微妙な違いがあります。suggest のほうが recommend よりもインフォーマルでニュートラルな響きです。一方の recommend は通常、アドバイスが知識や専門知識を必要とする場面で使われます。アドバイスをくれる人には、議論されていることに関していくらかの権威があることが暗に示され、suggest よりもフォーマル度が高くなります。

2

Can you give me some ideas/advice on how to...?

…の仕方についてアイデア／アドバイスをもらえますか？

完全にニュートラルな言い回しです。ほかのどのような依頼でも同じですが、相手をどのくらいよく知っているのか、相手が同等の立場か、上位や下位の立場かなどによって丁寧度のレベルを調整する必要があります。この表現をもう少し丁寧にしたければ can を could に置き換えましょう。さらに相手との距離を置きたい（丁寧度を上げたい）場合は、possibly（もしかして）や by any chance（ひょっとして；もしかして）などの語句を挟み込むのもいいでしょう。

3

I'm at a bit of a loss regarding... Do you have any advice you can give me?

…に関して少々困っているんです。いただけるアドバイスはありますか？

提案や助言を求める場面では、なにかがわからないことかなどの**説明から入る**のがとても一般的です。

類
似
表
現
- I'm not sure what to do.（どうすればいいのかわからないんです）
- I'm a bit stuck.（ちょっと困って［行き詰まって］いるんです）
- I seem to have hit a wall.（行き詰まっているようなんです）
- I'm not quite sure how to proceed.
  （次にどう進めたらいいか、あまりよくわからないんです）

4

Do you have any thoughts on...? …についてなにか考えはある？

これは、**かなり明るくてインフォーマルな響き**のたずね方です。do を would に変えたり、happen to...（もしかして…）や by any chance（ひょっとして）などのフレーズを加えたりすれば少し丁寧度をアップさせることができます。

5

Could you offer some recommendations on...?

…に関して少々ご提言いただけますか？

かなりフォーマルで、仕事などでアドバイスを求めるときによく使います。

6

What would you do if...?

もし…だったら、あなたならどうなさいますか？

より丁寧に相手から提言などを引き出したいときには、**距離感を増す婉曲な言い方で頼むのがいい**でしょう。ここでは、would と仮定法の質問にすることで、丁寧度を上げています。よりニュートラルでインフォーマルな言い方に、What's the best way to...?（…する最善の策はなんですか？）があります。

類似
表現
- How would you go about...?（…についてあなたならどう取り組みますか？）

1 約20名のスタッフ・パーティーを開くのにいいレストランを推薦してもらえますか？

Can you _____ a good restaurant _____ hold a staff party _____ around 20 people?

2 もしかして、どうやって小企業向けローン申請すればいいか知っていますか？

Do you _____ _____ know how we could apply _____ a small business loan?

3 残念ながら、新製品のアイデアを考えるのに少々行き詰まっているんです。時間があるときに手伝っていただくことはできますか？

_____ afraid I'm a bit _____ in _____ up with ideas for new products. Do you think you could help me out when you have time?

4 顧客の苦情にどう反応すべきかちょっと困っているんです。よろしければ助けていただけますか？

I'm _____ a bit of a _____ as to how I should respond to a _____ complaint. Could you possibly help me?

5 これらの数字をどう分析すればいいか、少しアイデアをもらえますか？

Can you _____ me some _____ on how to analyze these _____?

6 支払うことのできない高額の納税通知書を突然受け取ったとしたら、あなたならどうなさいますか？

What _____ you do _____ you suddenly _____ a large tax demand that you were unable to pay?

7 これらの品物を南アメリカに送るもっとも安い方法はなんですか？

_____ the cheapest _____ _____ ship these goods to South America?

8 このプロジェクト用にもっとも優れた設計ソフトを推薦していただけますか？

Could _____ offer some _____ on the best design software for this _____?

9 よろしければもっと効果的なEメールの書き方をアドバイスいただけますか？

Could you _____ give me some _____ on _____ to write more effective emails?

10 この市場調査を今後どう進めたらいいか、あまりよくわからなくて、あなたにお知恵があるのではと思っていたところなんです。

I'm not _____ _____ how to _____ with this marketing survey, and I wondered if you might have any tips.

11 私は、スプレッドシートを作成する能力を改善する必要があるのです。あなたはなにを勧めますか？

I need to _____ my _____ to create spreadsheets. What do you _____?

12 利益の上がらない営業チームのモチベーションアップに、あなたならどう取り組まれますか？

_____ would you _____ about _____ an underperforming sales team?

HINTS ❷apply「申請する；申し込む」❹complaint「不満；苦情」❺analyze「分析する」❻tax demand「納税通知書」❼ship「発送する；送る」❽design software「設計ソフトウェア」❿tip「ヒント；知恵」⓬underperform「十分に利益を産まない」

Answers —— DL-27

1. Can you **recommend** a good restaurant **to** hold a staff party **for** around 20 people?
2. Do you **happen to** know how we could apply **for** a small business loan?
3. **I'm** afraid I'm a bit **stuck** in **coming** up with ideas for new products. Do you think you could help me out when you have time?
4. I'm **at** a bit of a **loss** as to how I should respond to a **customer** complaint. Could you possibly help me?
5. Can you **give** me some **ideas** on how to analyze these **figures**?
6. What **would** you do **if** you suddenly **received** a large tax demand that you were unable to pay?
7. **What's** the cheapest **way to** ship these goods to South America?
8. Could **you** offer some **recommendations** on the best design software for this **project**?
9. Could you **possibly** give me some **advice** on **how** to write more effective emails?
10. I'm not **quite sure** how to **proceed** with this marketing survey, and I wondered if you might have any tips.
11. I need to **improve** my **ability** to create spreadsheets. What do you **suggest**?
12. **How** would you **go** about **motivating** an underperforming sales team?

28 Asking for Opinions

意見を求める

1・Check the Phrases

なにかに関して相手の人のopinion（意見）をたずねることはよくあります。
opinion（意見）の類義語、あるいは意味合いの近い語には、thoughts（考え）、ideas
（アイデア；考え）、input（［意見の］提供）、perspective（見方；考え方）、views（考；見解）、
take（見解；意見）などがあります。意見を聞くのにシンプルな質問だけで事足
りる場合もありますが、状況によっては相手の意見や考えを引き出すために、
明白な促しの表現を利用してもいいでしょう。

1

Could you share your thoughts on this with us?

この件に関するあなたの考えをシェアしてもらえますか？

かなりニュートラルな響きのひとことです。Could you give us... でセンテンス
を始めてもいいでしょう。さらに丁寧な言い方に Would you be so kind as to...?
（…していただくことはできるでしょうか？）がありますが、現代語としてはおそ
らく少々堅苦しく時代遅れな感じがします。

2

What's your take on...? …に関する君の見解は？

かなりカジュアルな表現で、よく知っている人に使うのがふつうです。What's
your perspective on...?（…に関するあなたのご見解は？）とすれば、よりフォーマ
ルになり、顧客や上役に対して使うのに相応しい言い方になります。

3

I would be eager to hear your perspective on...

…に関してぜひあなたの見解を聞きたいのですが

置き
換え | ● eager → happy（よろこんで）、keen（熱望して）、interested（…したいと思って）、
delighted（よろこんで）など

4

Your input on this would be greatly appreciated.

これについてあなたのご意見をいただけると、とてもありがたいです

かなり丁寧に相手の意見を促す表現。相手と距離を置いた丁寧な表現にするため（1）疑問文の形を避けている（2）受動態の形を用いている（3）wouldという仮定の形を用いていることに注目しましょう。

5

Feel free to make a contribution whenever you like.

いつでも自由に発言してください

コメントしたり意見を述べたりしても構わないことを相手に伝えるのもよい方法です。イディオムを含んだ表現に、Feel free to jump in.../chime in...（自由に割り込んで／意見を言って）などがあります。

6

Please don't be shy. We'd like to hear what you have to say about...

どうぞご遠慮なく。私たちは…についてのあなたのご意見を伺いたいのです

明確な促し方で、相手に発言権があることを理解してもらう言い回しです。Don't hold back.（ためらわないでね）も同様の響きの表現です。Don't feel constrained.（お気兼ねなく）とすればよりフォーマルな響きが出せます。

7

We really value your opinion, so please let us know what you think about...

あなたのご意見はとても貴重ですから、…についてのお考えを教えてください

だれかに話をしてほしい場面では**ほめ言葉を混ぜるのもよい戦略**です。

類似表現	• **We would love to have the benefit of your expertise/experience/ knowledge, so...**（ぜひともあなたの専門知識／経験／知識の恩恵に預かりたいので…）

1 新しい経営計画に関して、あなたの考えをシェアしてもらえますか？

Could you _____ your _____ on the new management plan _____ us?

2 これはブレインストーミングですから、アイデアがあれば、いつでも躊躇なく発言してください。

This is a brainstorming session, _____ please _____ hesitate to _____ a contribution whenever you have an idea.

3 原油価格上昇の影響に関してあなたの考えを教えていただけますか？

Could you _____ _____ your perspective on the _____ of the rise in oil prices?

4 あなたの分析はとても重要ですから、プロトタイプ製造のための会社のコスト見積もりについて思うところを教えてください。

We really _____ your analysis, so please _____ us _____ what you think about our _____ projections for producing a prototype.

5 若い購買層の売り上げを押し上げるためになにができるか、ぜひあなたの考えを聞きたいのですが。

I would be _____ to _____ your _____ about what we can do to boost sales among younger demographics.

6 どうぞご遠慮なく。最終候補者名簿に載っている候補者たちがその役職にどうか、あなたのご意見を伺いたいのです。

_____ don't be _____. We'd like to hear what you _____ to say about the shortlisted candidates for the position.

7 電子出版の新契約の起草ついて、あなたのご意見をいただけると、とてもありがたいです。

Your input _____ _____ a new contract for electronic publishing would be greatly _____.

8 新興市場での御社の戦略をご説明いただくことはできるでしょうか？

Would you be _____ kind _____ to _____ your company's strategy in emerging markets?

9 販売戦略を改善するための新鮮なアイデアがほんとうに必要なので、いつでも自由に話に割り込んでください。

We really need some fresh ideas to _____ our sales strategy, so feel _____ _____ jump in at any time.

10 消費税制を徹底的に見直す政府の計画に関する君の意見は？

_____ your take _____ the government's plan to overhaul the
_____ tax system?

11 ラテンアメリカ市場に大きく食い込むことに関して、ぜひともあなたの専門知識の恩恵に預かりたいのです。

We would love to have the _____ of your _____ on
making inroads into the Latin American _____.

12 ためらわないでください。提案された部署の再編に関するあなたのご意見を強く知りたいと思っていますので。

_____ hold _____. I'm very keen to know your opinion of the
proposed departmental _____.

HINTS ❶management「経営」❷session「会議」, hesitate「躊躇する」❸rise「上昇」❹projection「予測；見積もり」❺demographic「購買層；消費者層」❻shortlist「最終候補者名簿に掲載する」❼contract「契約」❽emerging market「新興市場」❾sales strategy「販売戦略」❿overhaul「徹底的に見直す」⓫make inroads into...「…に大きく食い込む」⓬departmental「部門の」

Answers —— DL-28

1. Could you **share** your **thoughts** on the new management plan **with** us?
2. This is a brainstorming session, **so** please **don't** hesitate to **make** a contribution whenever you have an idea.
3. Could you **give us** your perspective on the **effects** of the rise in oil prices?
4. We really **value** your analysis, so please **let** us **know** what you think about our **cost** projections for producing a prototype.
5. I would be **eager** to **hear** your **ideas** about what we can do to boost sales among younger demographics.
6. **Please** don't be **shy**. We'd like to hear what you **have** to say about the shortlisted candidates for the position.
7. Your input **on drafting** a new contract for electronic publishing would be greatly **appreciated**.
8. Would you be **so** kind **as** to **explain** your company's strategy in emerging markets?
9. We really need some fresh ideas to **improve** our sales strategy, so feel **free to** jump in at any time.
10. **What's** your take **on** the government's plan to overhaul the **consumption** tax system?
11. We would love to have the **benefit** of your **expertise** on making inroads into the Latin American **market**.
12. **Don't** hold **back**. I'm very keen to know your opinion of the proposed departmental **reorganization**.

29

Asking About Someone's Decision

決定についてたずねる

1・Check the Phrases

相手が結論に至ったかどうか、あるいはある物事に関して判断を下したかどう
か、どのような決断をしたか…を知りたいときに使える表現はさまざまです。
So, what are you going to do about...?（で、…についてはどうするの？）といったと
ても直接的な表現から、I was wondering whether you had managed to come to
any conclusions about...?（…について、あなたがなんらかの結論になんとかこぎつけた
のかなあと思っていたんですが）のようなためらい口調の間接的な表現まで、幅
広い言い回しが存在します。

1

What are you going to do about...? …はどうするつもり？

非常に直接的にだれかの決断をたずねる表現です。この質問では、相手が即座
に返事をしてくれることを期待しているため、とても直接的であると言えます。
ある意味、相手にプレッシャーをかけているとも言えるため、いつでも使える
表現とは言えません。相手が自分よりも立場が上の場合、この質問は確実に避
けるべきでしょう。

2

What's your decision on...? …に関するあなたの決断は？

こちらも、**かなりダイレクトな表現**。この質問をする場合、相手がすでになに
かを決断していて、すんなり説明できるだろうと想定しています。

3

Have you decided...? …は決定したの？

これも相手を少々困らせるかもしれないかなり直接的な質問ですが、上のふた
つよりは**やや柔らかいたずね方**です。yesかnoで返事ができ、「まだ未定であ
る」と返事をする余地を相手に与えているためです。

126

- **Have you come to a decision...?**（…の結論に達したの？）
- **Have you made up your mind...?**（…は決めたの？）

4

Have you reached a conclusion about...?

…について結論は出ましたか？

conclusion という動詞を用いた、**かなりフォーマル度の高い言い回し**です。
Have you come to a conclusion about...? と表現してもいいでしょう。

5

Have you managed to come to a decision about...?

…については、なんとか決定しましたか？

これも**かなり婉曲的な表現**です。manage を使うことで、結論に達するのが容
易ではなく、かなりの努力を要するということが示されています。

6

I would like to know whether you've reached a decision on...

…に関してあなたが決断したのかどうか知れたらうれしいのですが

もっともフォーマル度の高い遠回しな言い方。話者は、相手に焦点を絞るので
はなく、自分の気持ちに焦点を絞りながら、直接的な質問表現を避けています。
really や very much を like の前に置けば、やや強めの表現になります。

- **I'm curious/keen/eager to know...** など

7

What is your ruling regarding...?

…に関してあなたのご裁定は？

これは、法廷や公式な委員会などの**非常にフォーマルな場面で使われる表現**で
す。ruling は、その裁定が法律や規則に支えられていることを示します。

1 新しいプラント（工場）への投資については、なんとか結論に到達なさいましたか？

Have you _____ to _____ a decision about _____ in a new plant?

2 で、君の部のコスト制限についてはどうするつもりなの？

_____, what are you _____ to do about limiting costs in your _____?

3 新CEOの歓迎会の場所は決めたの？

Have you made _____ your _____ about the venue for the reception to _____ the new CEO?

4 わが社の調達戦略の見直しに関して結論が出ているとしたら、どのようなものになったのでしょうか？

_____ conclusion, if any, _____ you reached _____ revising our procurement strategy?

5 提案されている新たなボーナス計算のシステムについて、なにか決断なさいましたか？

_____ you _____ to any _____ about the proposed new bonus calculation system?

6 夫の出産育児休暇の新しい方針に関してあなたが結論を出されたのか、とても知りたいと思っているのですが。

I'd _____ very keen to find out _____ you've come to any _____ on a new policy for paternity leave.

7 私のロンドン・オフィスへの転勤の時期については、結論に近づいていますか？

_____ you any closer to _____ a decision about _____ I will be transferred to the London office?

8 特許侵害の事件での判事の裁定はどうだったのですか？

What _____ the judge's _____ in the _____ infringement case?

9 あなたが社長の座を降りる決断をなさったかどうか、とても知りたいのですが。

I _____ very much _____ to know whether you've decided to _____ down as managing director.

10　わが社のイタリアの子会社との契約打ち切りの時期に関して、結論には達しましたか？

Have you _____ to a conclusion _____ when _____ terminate
the contract with our Italian subsidiary?

11　どちらの候補者を採用するのか決断なさったかどうか、知りたいのですが。

I'm curious to _____ whether you've _____ up your _____ about
which of the candidates to hire.

12　合併を正式発表する時期は決めましたか？

_____ you decided _____ to _____ announce the merger?

HINTS
❷limit「制限する」❸venue「開催場所」❹if any「もしあるとしたら」, procurement「調達」❺propose「提案する；計画する」❻paternity leave「夫の出産育児休暇」❼transfer「転勤させる」❽infringement「侵害」❾managing director「社長」❿terminate「打ち切る」, subsidiary「子会社；従属企業」⓫candidate「候補者」⓬merger「合併」

Answers —— DL-29

1. Have you **managed** to **make** a decision about **investing** in a new plant?
2. **So**, what are you **going** to do about limiting costs in your **department**?
3. Have you made **up** your **mind** about the venue for the reception to **welcome** the new CEO?
4. **What** conclusion, if any, **have** you reached **regarding** revising our procurement strategy?
5. **Have** you **come** to any **decision** about the proposed new bonus calculation system?
6. I'd **be** very keen to find out **if** you've come to any **decision** on a new policy for paternity leave.
7. **Are** you any closer to **making** a decision about **when** I will be transferred to the London office?
8. What **was** the judge's **ruling** in the **patent** infringement case?
9. I **would** very much **like** to know whether you've decided to **step** down as managing director.
10. Have you **come** to a conclusion **regarding** when **to** terminate the contract with our Italian subsidiary?
11. I'm curious to **know** whether you've **made** up your **mind** about which of the candidates to hire.
12. **Have** you decided **when** to **officially** announce the merger?

30

Giving and Withholding an Opinion

意見を言う／保留する

1・Check the Phrases

だれかに意見を求められたとき、私たちにはふたつの選択肢があります。ひとつは質問されたことに関して明確に自分の考えを述べること。もうひとつは、意見を述べずに保留すること。これはたずねられたテーマについての自分の考えが十分明確ではない場合や、自分の意見を言いたくない場合の対応です。

1

In my opinion, ... 私の意見では…

意見を述べるときの**もっとも一般的な表現**です。ニュートラルな響きで、ほとんどすべての場面で用いることができます。

類似
表現 ● **In my view, ...**（私の見方では…）、**From my perspective, ...**（私の観点では…）など

2

(Personally,) I think... [個人的には]…と思います

❶と非常に似た響きや使い方ができる言い回しです。personally は I と意味的にダブっているようにも思えますが、やや強調したいときに使われます。

類似
表現 ● **I believe...**（私は…だと思います）
　　 ● **I'm of the opinion...**（私は…という意見です）など

3

From where I stand, ... 私の見地では…

❶❷と似た機能や響きの表現ですが、イディオムが含まれています。似た言い方には、From my standpoint, ...（私の観点では…）、The way I see it, ...（私の見方では…）などがあります。

4

If you ask me, ... 私に言わせると…

条件を示すifでいくぶん柔らかく、より婉曲な響きが出せます。If you were to ask me, ...（言わせていただきますと…）と仮定法にすれば、さらに距離を置いた響きになります。

類似
表現
- **If you want my opinion, ...**（私の意見としては…）

5

I don't (really) have a strong position on...

…に関して［あまり］強い見解を持っていません

ある件に関してあまりしっかりした意見を持ち合わせていない場合に有用な言い方。positionの代わりにopinion（意見）やview（意見；考え）もOK。これより多少フォーマルな言い方には、I haven't fully formed an opinion.（完全には意見がまとまっていません）があります。

6

I'd rather not say. 意見は控えておきます

これは自分の意見を言わず**保留するときのシンプルな表現**です。If you don't mind, ...（あなたがよろしければ…）を加えると、唐突な感じを少し減らせます。

7

I'd prefer to remain neutral on...

…については中立を保ちたいです

❻の表現と非常によく似ていますが、こちらは**ビジネス会議などのよりフォーマルな場面でよく使われます。**また、right now（いまのところは）、at this point（現時点では）、at the moment（いまは）、for the time being（いまのところ）などを加えるとやや柔らかくできます。

類似
表現
- **I'd prefer not to commit myself on...**
  （…については態度をはっきりさせたくありません）
- **I'd prefer to reserve judgment on...**（…については判断を保留したいです）

8

I don't (really) feel comfortable sharing my opinion on...

…については［あまり］意見を共有したくありません

意見は持っているけれども、それを口に出すのが不適切だと感じる場面で役立つ表現。場合によっては、not feel comfortable sharing... の代わりに、not in a position to share...（…を共有できる立場にない）でもいいでしょう。

1 私の意見では、現状の金融情勢でそんなにアグレッシヴな投資戦略を追求するのは賢いことではありません。

In my _____, _____ not wise to pursue such an aggressive
_____ strategy in the current financial climate.

2 完全に見直す時間が取れるまでは、経営計画に関する明確な姿勢は取りたくはありません。

_____ prefer _____ to commit myself to a definite position on the
management plan _____ I've had time to fully review it.

3 私の見方では、わが社のキャッシュフローはどのような不測の緊急事態にも持ち堪えられるほど健全ではありません。

_____ way I see _____, our cash flow is not healthy enough _____
withstand any unforeseen emergencies.

4 個人的には、ビジネス戦略を少し洗練することで、わが社は部門においてもっとも成功した企業になれると思います。

_____, I _____ we could be the most successful company
in our sector if we _____ our business strategy a little.

5 新CFOのこれまでの実績に関しては、私は判断を保留したいと思います。

I'd _____ to _____ judgment on the performance so _____ of
our new CFO.

6 すみませんが、あのプロジェクトの失敗に関する私の意見は、あまり部外者に共有したくないのです。

I'm sorry, but I don't really _____ comfortable _____ my opinion
on the failure of that project _____ outsiders.

7 言わせていただきますと、われわれのビジネスの合併は、短中期的には肯定的な結果を生み出しそうだと言えます。

If you _____ _____ ask me, I'd say that our business consolidation is
likely to yield _____ results in the _____ to medium term.

8 遺憾ながら、AIを顧客サービスの機能に組み入れるという提案に関しては、完全には意見がまとまっていません。

I regret to say that I _____ fully _____ an opinion on the
proposals to incorporate AI into our _____ service functions.

9 供給業者を変更すべきかどうかについては、あまり強い見解を持っていません。

I don't _____ have a _____ position on _____ we should
change suppliers.

10 提案されているビジネスパーソン提携の問題については現時点では中立を保ちたいと思います。

I'd _____ to remain _____ on the issue of the proposed business tie-up at _____ point.

11 私の見地からは、プロトタイプはまだ完全にテストの準備ができていないと思います。

_____ _____ I stand, I _____ think the prototype is quite ready for testing yet.

12 状況に関する賛否両論を評価できていないので、あなたがよろしければ、私は意見を控えたいと思います。

I haven't _____ up the pros and cons of the situation, so if you don't _____, I'd _____ not say.

HINTS

❶pursue「追求する;（活動などを）推進する」❷review「見直す;再検討する」❸withstand「持ち堪える;耐える」❹refine「磨く;洗練する」❺performance「業績;実績」❼consolidation「合併」❽regret to say that...「遺憾ながら…」, incorporate「組み入れる」❿tie-up「提携;協力」⓫prototype「プロトタイプ;試作品」⓬weigh up「比較考量する;評価する」

Answers —— DL-30

1. In my **opinion**, **it's** not wise to pursue such an aggressive **investment** strategy in the current financial climate.
2. **I'd** prefer **not** to commit myself to a definite position on the management plan **until** I've had time to fully review it.
3. **The** way I see **it**, our cash flow is not healthy enough **to** withstand any unforeseen emergencies.
4. **Personally, I think** we could be the most successful company in our sector if we **refined** our business strategy a little.
5. I'd **prefer** to **reserve** judgment on the performance so **far** of our new CFO.
6. I'm sorry, but I don't really **feel** comfortable **sharing** my opinion on the failure of that project **with** outsiders.
7. If you **were to** ask me, I'd say that our business consolidation is likely to yield **positive** results in the **near** to medium term.
8. I regret to say that I **haven't** fully **formed** an opinion on the proposals to incorporate AI into our **customer** service functions.
9. I don't **really** have a **strong** position on **whether** we should change suppliers.
10. I'd **prefer** to remain **neutral** on the issue of the proposed business tie-up at **this** point.
11. **From where** I stand, I **don't** think the prototype is quite ready for testing yet.
12. I haven't **weighed** up the pros and cons of the situation, so if you don't **mind**, I'd **rather** not say.

31

Giving a Negative or Neutral Opinion

否定的な／中立の意見を述べる

1・Check the Phrases

しばしば私たちはよろこんで肯定的な意見を述べますが、そうでない場合も
あります。正直に話をしたいのなら、否定的な意見を述べることも時として必
要となります。もちろん意見が攻撃的に響かないようにするために、相手の感
情に必ず配慮しなければなりません。また、否定的な意見を述べることがその
場の状況にそぐわない場合には、中立の立場を保つこともできます。おそらく
ニュートラルな意見はふたつのカテゴリーに分けることができますが、そのひ
とつはほんとうにその議論で強い意見を持ち合わせていない場合です。もうひ
とつは、自分に妥当な意見を述べるための十分な知識や情報がないと感じてい
る場合です。

1

That's (complete) rubbish! それは［完全に］ナンセンスだよ！

おそらく感情がたかぶっているときだけに使われる、**とても強い表現**。使用す
るときには注意が必要です。

類似
表現 | • **You're talking nonsense!**（キミの話はナンセンスだよ！）

2

I'm afraid I disagree that... 申し訳ないけれど…には同意しません

I'm afraid (that)... という謝罪のフレーズから始まる、**より柔らかめの表現**。こ
れは I'm sorry, but...（悪いけれど…）と置き換えても構いません。

類似
表現 | • **I'm not convinced.**（納得がいきません）
| • **I'm skeptical about...**（…には懐疑的です）

3

I have some reservations about...

…についてはちょっと疑問があります

2と比べるとやや弱い響きの言い回し。reservations の代わりに concerns（懸念）

134

でも OK。この表現も類似表現も謝罪のフレーズを前置きにできます。

類似
表現
- **I'm not entirely on board with...**（…には完全には賛成できない）
※イディオム be on board「賛成だ」

4

I'm afraid I can't support... 残念ながら…は支持できません

かなり強めの言い回し。より気配りの効いた言い方に、I'm inclined to a different view.（私は異なる見方に傾いています）があります。

類似
表現
- **I can't go along with...**（…には賛成できません）

5

I don't have a strong opinion either way.

どちらにせよ強い意見を持っていません

ニュートラルな立場を表すとても一般的な表現。

類似
表現
- **I don't (really) feel strongly about...**（…については［あまり］強い感情はありません）
- **It's hard to say.**（なんとも言えませんね；判断が難しいですね）

6

It's up to the individual. それは個人によりますね

個人によって意見が分かれるという事実を表明する言い回し。

類似
表現
- **It's a matter of personal preference.**（個人の好みの問題だよ）
- **It depends on the person.**（その人によるね）

7

I'm impartial on... …に関しては中立です

どちらか一方の側を選ぶのが難しいときに役立つ表現です。

類似
表現
- **I can see both sides.**（どちらの立場もわかります）

8

I'm still undecided about... …についてはまだ決めかねています

強い意見を述べるために判断するための十分な時間がないときや、十分な情報がない場面で使える便利な表現。

類似
表現
- **I'm on the fence about...**（…については決めかねています）
※イディオム on the fence「どっちつかずの状態で」

2 • Fill-in-the-Blank Training

1 申し訳ないけれども、スタッフトレーニング予算のそれほど大幅な削減には賛成できません。

I'm afraid I can't go _____ _____ such radical cuts to the staff training _____.

2 それは完全にナンセンスだよ！ このプロジェクトへのさらなる投資がいい考えだなんてどうすれば信じられるのさ？

_____ total _____! How can you possibly believe _____ further investment in this project is a good idea?

3 あなたがチャリティーに寄付をすべきかどうかについては、答えをあげられません。それは個人によることです。

I can't give you an answer on _____ you should donate to charities. It's _____ _____ the individual.

4 パンフレットのレイアウトを変えるべきかどうかに関しては、どちらにしても強い意見はありません。

_____ to whether we should change the layout of the brochure, I don't have a strong _____ either _____.

5 よりサービスベースのビジネスへ転向するという提案には、私は懐疑的であると言わざるを得ません。

I _____ to say I'm _____ about the proposal to pivot _____ a more service-based business.

6 役員の新しい給与体系に賛成するか反対するかについてはまだ決めかねています。

I'm _____ _____ about voting for or _____ the new compensation package for executives.

7 海外市場への拡大が現在進むべき最良の道だということについては、完全には納得がいっていません。

I'm _____ entirely _____ that expansion into _____ markets is the best way forward at the present time.

8 恐縮ですが、プロジェクトのリサーチを中断するという近視眼的な判断には反対です。

I'm _____, but I _____ with the short-sighted decision to _____ research on the project.

9 100％ネット販売のモデルに移行すべきかどうかについては、まだ決めかねています。

I'm _____ on the _____ about _____ we should move to a 100-percent online sales model.

10 顧客サービスのアウトソーシングについてはちょっと疑問があると言わせていただきます。

Please allow me to say that I have _____ _____ about
_____ our customer service functions.

11 どちらの候補がよりよいCFOになるかという質問に関しては中立の立場です。

I'm _____ _____ the question of which candidate would _____
the better CFO.

12 契約に関する論争は解決が難しいものです。どちらの争点もわかります。

This dispute over the _____ is problematic. I can see _____
_____ of the issue.

❶radical「過激な；急進的な」❹brochure「パンフレット；小冊子」❺pivot「向きを変える」❻compensation package「給与体系」❼expansion「拡大」❽short-sighted「近視眼的な；先見の明のない」❾online sales「ネット販売」⓫CFO「最高財務責任者」⓬problematic「解決が難しい」

Answers ─── DL-31

1. I'm afraid I can't go **along with** such radical cuts to the staff training **budget**.
2. **That's** total **rubbish**! How can you possibly believe **that** further investment in this project is a good idea?
3. I can't give you an answer on **whether** you should donate to charities. It's **up to** the individual.
4. **As** to whether we should change the layout of the brochure, I don't have a strong **opinion** either **way**.
5. I **have** to say I'm **skeptical** about the proposal to pivot **toward** a more service-based business.
6. I'm **still undecided** about voting for or **against** the new compensation package for executives.
7. I'm **not** entirely **convinced** that expansion into **overseas** markets is the best way forward at the present time.
8. I'm **sorry**, but I **disagree** with the short-sighted decision to **suspend** research on the project.
9. I'm **still** on the **fence** about **whether** we should move to a 100-percent online sales model.
10. Please allow me to say that I have **some reservations** about **outsourcing** our customer service functions.
11. I'm **impartial on** the question of which candidate would **make** the better CFO.
12. This dispute over the **contract** is problematic. I can see **both sides** of the issue.

相手の意見を全面的／部分的に認める

1・Check the Phrases

心からの同意を示したいときの表現や相手の意見の一部だけに賛成し、ある部分については態度を保留したいときの言い回しをいっしょに見ていきましょう。

①

I completely agree with you that...

…ということでは、あなたに完全に同意します

完全に同意していることを伝えるもっともシンプルでニュートラルな言い回し。少しフォーマルな表現は、I concur with you.（あなたに同意する）、I'm in (complete) accord with you.（私の意見は［完全に］あなたと一致している）です。

類似
表現
● **I'm of the same opinion...**（あなたと同じ意見だ）
● **I (completely) share your view.**（あなたの見解を［完全に］分かち合っている）

②

You're absolutely correct in saying that...

…というあなたの意見は完全に正しい

強い同意を示すときのもうひとつの表現です。

類
似
表
現
● **I couldn't agree more.**（まったくもって同感だ）
● **That's exactly how I feel.**（それはまさしく私の感じていることだ）
● **I couldn't have said it better myself.**（まったくそのとおりだ）
※3つ目の直訳「私はそれをよりうまく言えたはずがない」

③

We're (definitely) on the same page about...

…については［まったく］同じ考えだ

完全に同意していることを示すイディオムを含んだ言い回しのひとつ。

類似
表現
● **You've hit the nail on the head.**（まさにそのとおり；的を射ている）
● **We're on the same wavelength.**（考えが同じだ）など

4

You've captured it perfectly. 完璧に捉えていますね

相手をほめながら同意を表す言い方。capture の代わりに express（表現する）を使ってもOK。

類似
表現
- **That's it in a nutshell.**（ひとことで言えば／要するに、そのとおりです）
※イディオム in a nutshell「極めて簡単に言えば」

5

I partially agree with you, but... 部分的には同意ですが…

部分的な同意を示す、もっともシンプルな言い方で、ニュートラルな表現。

類
似
表
現
- **I can see where you're coming from, but...**（言いたいことはわかりますが…）
- **I'm on board with certain of your points, but...**
（あなたの主張にはある程度賛成だが…）※イディオム be on board「賛成だ」
- **I'm more or less convinced, but...**（おおよそ納得ですが…）
- **I more or less agree with you, but...**（おおよそ同意していますが…）

6

I can understand your viewpoint to an extent, but...

ある程度あなたの見解は理解できますが…

ビジネス会議や交渉などでフォーマルな場面で使われる表現。

類
似
表
現
- **I'm inclined to agree with you to a certain degree, but...**
（ある程度は同意したいのですが…）
- **I'm quite happy to consider your perspective, but...**
（よろこんであなたの見方を考慮したいのですが…）
- **I can definitely see some merits in your argument, but...**
（確かにあなたの議論にはいくつか利点が見受けられますが…）
- **I'm broadly in agreement with what you say, but...**
（大まかにはあなたのおっしゃることに同意していますが…）
- **I accept your arguments for the most part, but...**
（ほとんどはあなたの議論を受け入れますが…）
- **What you say is fine as far as it goes, but...**
（おっしゃることは、ここまでのところ問題ありませんが…）

1 大規模な新セールスキャンペーンを打つのにぴったりな時期だというあなたの意見に完全に同意します。

I _____ _____ with you _____ the time is right for a new and ambitious sales campaign.

2 よろこんであなたの見解を考慮したいのですが、タックスコードの変更は、長い目で見れば私たちの利益になると思います。

I'm quite _____ to _____ your perspective, _____ I believe that the changes in the tax code will benefit us in the long run.

3 わが社のビジネスパートナーが契約上の義務を果たしていないというあなたの意見は完全に正しい。

You're absolutely _____ _____ stating _____ our business partners are not fulfilling their contractual obligations.

4 おっしゃることはいまのところ問題ありませんが、現在の経済環境では将来どのようなことが起こるかわかりませんよ。

_____ you say is _____ as far as it _____, but in the current economic climate, we have no idea of what the future holds.

5 会社のトップに新たな人材が必要だということについては、あなたとまったく同じ考えです。

We're _____ on the same _____ about the _____ for new talent at the top of the company.

6 部分的には賛成ですが、あなたはそのように大胆な投資戦略の影響を考慮する必要があると思います。

I _____ agree _____ you, but I think you need to _____ the implications of such a bold investment strategy.

7 現在の市場環境に関するあなたの評価は、私の意見と完全に一致しています。

I'm _____ _____ accord _____ you in your assessment of current market conditions.

8 あなたの言いたいことはわかりますが、市場が中長期的に停滞し続けるというのは必ずしも妥当とは言えません。

I can see _____ you're coming _____, but it's not _____ true that the market will stay stagnant in the medium to long term.

9 われわれが時代遅れのビジネスモデルに基づいて仕事をしているとあなたがおっしゃるのは的を射ています。

_____ you say that we're working on the basis of an outdated business model, you've hit the _____ on the _____.

10 あなたのおっしゃることには大まかには同意していますが、あなたの提案が取締役会の支持を得られるとは思いません。

I'm _____ in agreement _____ _____ you say, but I don't think your proposal will find favor with the board.

11 あなたの主張にはある程度賛成ですが、あなたの主張はわが社の原料調達の全体像が考慮されていません。

I'm on _____ with _____ of your points, but they don't take _____ the whole picture of our raw materials procurement.

12 取締役会にはもっと多くの社外取締役が必要だということには、まったくもって同感です。

I _____ agree _____ that the board needs more _____ directors.

❶ambitious「大掛かりな；野心的な」❸contractual「契約上の」❹what the future holds「将来に待ち受けていること」❻implications「影響」❼assessment「評価；判断；意見」❽stagnant「停滞した；不景気な」, in the medium to long term「中長期的に」❿find favor with...「…の支持を得る」⓫procurement「調達」

Answers —— DL-32

1. I **completely agree** with you **that** the time is right for a new and ambitious sales campaign.
2. I'm quite **happy** to **consider** your perspective, **but** I believe that the changes in the tax code will benefit us in the long run.
3. You're absolutely **correct in** stating **that** our business partners are not fulfilling their contractual obligations.
4. **What** you say is **fine** as far as it **goes**, but in the current economic climate, we have no idea of what the future holds.
5. We're **definitely** on the same **page** about the **need** for new talent at the top of the company.
6. I **partially** agree **with** you, but I think you need to **consider** the implications of such a bold investment strategy.
7. I'm **completely in** accord **with** you in your assessment of current market conditions.
8. I can see **where** you're coming **from**, but it's not **necessarily** true that the market will stay stagnant in the medium to long term.
9. **When** you say that we're working on the basis of an outdated business model, you've hit the **nail** on the **head**.
10. I'm **broadly** in agreement **with what** you say, but I don't think your proposal will find favor with the board.
11. I'm on **board** with **certain** of your points, but they don't take **in** the whole picture of our raw materials procurement.
12. I **couldn't** agree **more** that the board needs more **external** directors.

相手の意見に反対する

1・Check the Phrases

相手の発言が間違っている、あるいは見当違いであるように思えた場合、正直でオープンな議論を行うことを望むのならば、反対の主張をせざるを得ません。その場合、相手への敬意を持って主張をし、ただ非難するのではなく建設的なコメントをすべきです。反対する表現の多くは、相手の立場への理解をある程度示すポジティヴなコメントでスタートします。あるいは、反対の言葉を述べる前置きとして謝罪フレーズを使うこともあります。もちろんすべての反対表現がこういったパターンであるということはなく、状況によってはより押しの強い表現を使うのが適切なこともあります。

❶

I see your point, but... 言いたいことはわかりますが…

反対意見を言う前に相手の観点への理解を示したいときの、**もっともシンプルな表現**。

類似表現
- I understand where you're coming from, but...
  (言っていることはわかるけれども…)
- I appreciate your perspective, but...(あなたの見方は評価しているけれど…)
- I acknowledge what you say, but...(あなたの言うことは認めますけど…)
- I respect your opinion, but...(あなたの意見は尊重しますが…)
- You certainly make a valid point, but...(確かに一理ありますが…)
- That may be true in certain cases, but...(ある場合にはそうだと思いますが…)
- That's all very well, but...(それはとても結構なことですが…)
- I can see why you hold those views, but...
  (あなたがその見方をしている理由はわかりますが…)

❷

... I respectfully disagree. …失礼ながら同意できかねます

❶の前置きフレーズに続けて、敬意を込めながら反対であると述べる場面で使える表現のひとつ。

- ...I'm not (entirely/totally) convinced by your arguments.
  - (…[完全には] あなたの議論に納得していません)
- ...I have a different take on this issue.(…この問題では異なる見方をしています)
- ...my perspective differs from yours.(…私の見方はあなたとは異なります)
- ...I can't go along with your views.(…あなたの見方には賛同できません)

3

I'm afraid I have to disagree. 残念ながら、反対せざるを得ません

相手の気分を害する可能性のある反対意見を述べる前には、このような謝罪の表現を前置きに置くのがよいでしょう。前置き表現はほかにも、Regretfully, ...(残念ながら…)、Unfortunately, ...(残念ながら…；あいにくですが…)、I regret to say that...(残念ですが…)、I'm sorry, but...(申し訳ありませんが…)などがあります。

4

Respectfully, I have to challenge your viewpoint on...

失礼ながら、あなたの…の見方に異議を唱えざるを得ません

反対意見を述べるときに、理解や謝罪を含む前置きを必ず入れる必要はなく、時にはより直接的に反論を唱えましょう。respectfully(失礼ながら)、with all due respect(恐れながら；はばかりながら) などの語句を用いると便利です。他にも次のような表現があります。

- Let me explain why I see things differently.
  - (私が違った見方をしている理由を説明させてください)
- Based on my own experience, I'm inclined to disagree.
  - (私の経験に基づくと、反対したい気持ちです)
- That's not how I see things.(それは私の見方とは違います)
- I feel compelled to offer a conflicting/contrasting viewpoint.
  - (対立する／対照的な観点を提供しなければならないと感じています)

2 • Fill-in-the-Blank Training

1 残念ながら、経理部を再編するというあなたの見解には賛成できません。

_____, I can't go _____ _____ your views on reorganizing the accounts department.

2 あなたの市場分析はある程度まで正確かもしれませんが、市場に影響を与える多くの予測不能なファクターが存在します。

Your _____ of the market may be _____ up to a _____, but there are many unpredictable factors that could affect it.

3 あなたは一定期間の事業縮小をご提案ですが、私が異なる見方をしている理由を説明させてください。

You've suggested a period of retrenchment in the business, _____ _____ me explain why I see things _____.

4 私の個人的な経験に基づきますと、会社の製品群の幅を広げるというアイデアには反対しなければならないと感じています。

Based on my own experience, I feel I _____ disagree _____ your idea to _____ our product array.

5 言いたいことはわかりますが、それほど大きな昇給が正当であるということは受け入れられません。

I _____ your _____, but I can't _____ that such a large pay rise is justified.

6 失礼ながら、製品の最低発注量の変更に関するあなたの見地に異議を唱えざるを得ません。

_____, I have to _____ your _____ on changing the minimum order quantity for our products.

7 あなたのおっしゃることは認めますが、あなたの予想がインフレを十分考慮に入れているとは思えません。

I _____ _____ you say, but I don't think you've taken inflation fully into _____ in your projections.

8 MBA資格のある人をもっと多く雇用するという考えはまったく結構なことですが、私はそれが現実的な選択肢であるとは思いません。

The idea of employing more people with MBA qualifications is _____ very _____, but I don't think it's a _____ option.

9 残念ながら、より多くの契約社員の雇用の必要性に関して、私は異なる見解を持っています。

I'm _____ I have a different _____ on the _____ to employ more contract-based workers.

10 残念ながら、広告費を削るべき理由に関するあなたの主張を、私は完全には納得していません。

_____, I'm not entirely _____ by your arguments
_____ to why we should cut advertising costs.

11 例外についてのあなたの話は確かに一理ありますが、われわれは厳格に契約条項を遵守しなければなりません。

You certainly _____ a valid _____ about exceptions, but we have to strictly abide by the _____ of the contract.

12 残念ですが、プラント（工場）と設備の支出に関する私の見方はあなたとは異なっています。

I regret _____ _____ that my perspective on plant and equipment
spending _____ from yours.

❶accounts department「経理部」❷unpredictable「予測できない；変わりやすい」❸retrenchment「削減」❹array「一群」❺justified「理にかなった；もっともな」❻minimum order quantity「最低発注量」❼projection「予測；見積もり」❽qualification「資格」❾contract-based worker「契約社員」❿argument「主張」⓫abide by...「…を遵守する」⓬spending「支出；出費」

Answers —— DL-33

1. **Regretfully**, I can't go **along with** your views on reorganizing the accounts department.
2. Your **analysis** of the market may be **accurate** up to a **point**, but there are many unpredictable factors that could affect it.
3. You've suggested a period of retrenchment in the business, **but let** me explain why I see things **differently**.
4. Based on my own experience, I feel I **must** disagree **with** your idea to **broaden** our product array.
5. I **see** your **point**, but I can't **accept** that such a large pay rise is justified.
6. **Respectfully**, I have to **challenge** your **viewpoint** on changing the minimum order quantity for our products.
7. I **acknowledge what** you say, but I don't think you've taken inflation fully into **account** in your projections.
8. The idea of employing more people with MBA qualifications is **all** very **well**, but I don't think it's a **realistic** option.
9. I'm **afraid** I have a different **take** on the **need** to employ more contract-based workers.
10. **Unfortunately**, I'm not entirely **convinced** by your arguments **as** to why we should cut advertising costs.
11. You certainly **make** a valid **point** about exceptions, but we have to strictly abide by the **terms** of the contract.
12. I regret **to say** that my perspective on plant and equipment spending **differs** from yours.

第2章 — こなれた表現24 — No. 33

145

意見を変える

1・Check the Phrases

人生の多様な状況に対応していく中で、人の意見が変わっていくのはごくふつうのことです。意見が変わったことを、とてもインフォーマルな場面で表現するには、I've changed my mind.（気が変わったんだ）と言えばOK です。よりフォーマルな場面で、真面目な話題であるときには、自分の意見が変化したことが単なる思いつきではなく、熟慮や新たな情報に基づいてのことだとはっきりと伝えることが必要です。結果的に、意見を変えたことを伝える言葉はふたつの部分に分かれることが多くなります。ひとつは自分が考えを変えた理由を伝える部分、もうひとつは新しい自分の意見を説明する部分です。また、opinion（意見）の類似表現としては、stance（立場；態度）、position（立場；状況）、viewpoint（観点；立場）、perspective（観点；見方）などの語がよく用いられます。

1

I've changed my mind and I now believe...

気が変わって、いまは…と思っています

意見の変化を伝えるときのもっとも**シンプルな表現**で、かなり中立的です。

類似 | ● **I've had a change of heart.**（心境が変化したんです）
表現

2

I used to think... but now I see that～.

以前は…と思っていましたが、いまは～だと理解しています

考えを変えたことを伝える、**シンプルかつニュートラルな言い方**。もちろん、think (that)... の代わりに believe (that)...（…だと思う；信じる）や be of the opinion (that)...（…という意見だ）なども OK です。また、see は realize（気づく）、understand（理解する）としても良いです。

After further reflection, I've come to the conclusion that...

さらに熟考したあと、…という結論に達しました

❶や❷よりもフォーマルな言い方。

類似
表現
- **After great deal of thought, ...**（かなり考えたあと…）
- **After giving the matter some thought, ...**（じっくり考えたあと…）

I've reconsidered my position and I now think...

見方を再考して、いまは…と思っています

再考を伝えるときには、このように現在完了形を用いることがよくあります。

類似
表現
- **I've reevaluated the situation and now I'm of the opinion that...**
  （状況を再評価して、いまは…という意見です）
- **I've revised my stance and now support the idea that...**
  （スタンスを改めて、いまは…という考えを支持しています）
- **I've had a change of opinion based on new information, and I now think...**（新たな情報に基づいて意見を変え、いまは…と思っています）

Upon reviewing the evidence, I've shifted my opinion to...

エビデンスを見直して、…に意見を変えました

upon という語の使用によって、**かなりフォーマル度の高い表現**になっています。また、分詞構文を用いて Having reviewed..., Having considered... と表現することもよくあります。

類似
表現
- **Upon deeper consideration/reflection, I've altered my opinion to...**
  （熟考して、意見を…に変えました）

My perspective has evolved, and I now hold the view that...

自身の観点を進化させて、いまは…という見方をしています

このセンテンスはmy perspective と名詞フレーズを主語にしていますが、ほかにも thinking（考え）、position（立場）、opinion（意見）、viewpoint（観点）、attitude（態度）などの名詞も利用してみましょう。

2 · Fill-in-the-Blank Training

1 今後短期間に提案された変更で進めることの妥当性について、意見を変えました。

I've _____ my _____ about the advisability of proceeding _____ the proposed changes in the near term.

2 状況を再評価して、いまはわが社のサプライチェーンがあまりにも脆弱で、他の選択肢を見なければならないという考えを支持しています。

_____ reevaluated the _____, I now _____ the idea that our supply chain is too fragile and that we must look at other options.

3 AIに関する自分の立場を再考し、いまは事業にフルに組み入れるべきだという意見です。

I've _____ my stance _____ artificial intelligence, and I'm now of the _____ that we should incorporate it fully into our operations.

4 自分の観点をいくらか進化させて、いまは真剣に可能性のある業務提携に眼を向ける必要があると考えています。

My perspective _____ _____ somewhat, and I _____ think that we need to look seriously at possible business tie-ups.

5 オフショア生産に関する自分の立場を変更して、いまはできるだけ早期にこれを進めるべきだという態度です。

I've _____ my position on offshore manufacturing, and my _____ is now that we should move forward on this as _____ as possible.

6 以前は現在の自分のコンピューター知識レベルは十分だと考えていましたが、いまはもっと学ぶ必要があると理解しています。

I _____ to think _____ my current level of computer knowledge was sufficient, but now I _____ that I need to learn more.

7 熟考して、いまはわが社が十分な時間と努力をCSRプログラムに振り向けてこなかったという見方をしています。

_____ deeper consideration, I now _____ the view that we have not _____ enough time and energy to our CSR program.

8 新しい市場情報を見直して、ターゲット購買層を考え直す必要があると思っています。

_____ reviewed the new market information, I believe we need to _____ our _____ demographic.

9 私の観点は変化を経て、いまは営業スタッフにより大きな褒賞を与えることが必要だと思っています。

My _____ has undergone a _____, and I now think we need to offer greater _____ to the sales staff.

10 さらに熟考したあとで、私が業務執行取締役を退任する以外に選択肢がないという結論に達しました。

_____ _____ reflection, I've come to the _____ that I have no option but to step down as executive director.

11 証拠を再検討し意見を変え、いまは新たな研究の費用を削減することに賛成です。

Upon _____ the evidence, I've _____ my opinion and I now favor _____ back on new research.

12 プラント（工場）の人員削減に関しては意見が変わりました。

I've _____ a _____ of heart _____ cutting staffing levels at the plant.

HINTS
❶advisability「妥当性」❷fragile「脆い；壊れやすい」❸incorporate「組み込む」, operation「事業」❹business tie-up「業務提携」❺offshore manufacturing「オフショア生産；海外生産」❼CSR「企業の社会的責任」❽demographic「購買層；消費者層」❾undergo「経る」❿executive director「業務執行取締役」⓫favor「賛成する；支持する」⓬staffing level「スタッフ数；人員数」

Answers —— DL-34
---

1. I've **changed** my **mind** about the advisability of proceeding **with** the proposed changes in the near term.
2. **Having** reevaluated the **situation**, I now **support** the idea that our supply chain is too fragile and that we must look at other options.
3. I've **reconsidered** my stance **on** artificial intelligence, and I'm now of the **opinion** that we should incorporate it fully into our operations.
4. My perspective **has evolved** somewhat, and I **now** think that we need to look seriously at possible business tie-ups.
5. I've **revised** my position on offshore manufacturing, and my **attitude** is now that we should move forward on this as **soon** as possible.
6. I **used** to think **that** my current level of computer knowledge was sufficient, but now I **see** that I need to learn more.
7. **Upon** deeper consideration, I now **hold** the view that we have not **devoted** enough time and energy to our CSR program.
8. **Having** reviewed the new market information, I believe we need to **rethink** our **target** demographic.
9. My **viewpoint** has undergone a **shift**, and I now think we need to offer greater **incentives** to the sales staff.
10. **After further** reflection, I've come to the **conclusion** that I have no option but to step down as executive director.
11. Upon **reviewing** the evidence, I've **shifted** my opinion and I now favor **cutting** back on new research.
12. I've **had** a **change** of heart **regarding** cutting staffing levels at the plant.

第2章 —— こなれた表現24 —— No.34

149

35 Asking for and Explaining Reasons

理由をたずねる／説明する

1・Check the Phrases

なぜそのことを行ったのか、その理由を人々にたずねる必要がある場面はよくあります。同様に、相手からなぜある特定のやり方でなにかを行ったのかと、説明を求められることもあるかもしれません。これらの場面での英語はさまざまありますが、状況のフォーマル度や話している相手との関係によって変化します。reason（理由）という語の類義語にはreasoning（理由；根拠）、thinking（考え方；思考）、rationale（論理的根拠）、motivation（理由；動機）、impetus（推し進める力；刺激；勢い）などがあります。rationaleはrational（合理的な）とは違うことに注意してください。

①

Why did you...? どうして…したのですか？

理由をたずねるときの非常にシンプルな言い回しで、フレンドリーで中立的な響きのひとこと。ただし、知らない人やステータスが上の人に対して使うにはカジュアルすぎるので注意しましょう。次の表現はニュートラルですが、もう少しフォーマル度が高い言い方です。

類似表現
- **What led you to...?**（なにがあなたに…させたのですか？）
- **What made you...?**（なぜあなたは…することになったのですか？）
- **What prompted you to...?**（どうして…する気になったのですか？）

②

Can you explain the reasoning behind...?
…の背後にある理由をご説明いただけますか？

ビジネスミーティングや就職面接など、よりフォーマル度の高い場面に相応しい響きの表現。

類似表現
- **What was your motivation for...?**（なにが…へのモチベーションでしたか？）
- **What was the impetus behind...?**（なにが…の背後で刺激となりましたか？）
- **What was the thinking behind...?**（…の背景にあった考えはなんだったのですか？）

❸

I'm curious about why... なぜ…なのかについて興味があるのです

直接的な質問の前に距離感を取る表現が置かれていて、❶❷よりも丁寧な響きになります。curious の代わりに intrigued（興味をそそられて）でも OK です。

類似
表現
● **Is there a particular rationale for...?**（…には特別な理由があるのですか？）

❹

Could you elaborate on the factors behind...?

…の背景にある要因を詳しく述べていただけますか？

丁寧かつフォーマルな理由のたずね方。I wonder if you could (possibly)...（［ひょっとして］…していただけるかなぁと思っていたのですが）でスタートする文に変えればさらに丁寧度が上がります。

類
似
表
現
● **Could you shed some light on why...?**
（どうして…なのかについて、いくらか手掛かりをいただけますか？）
● **Could you enlighten me as to why...?**
（どうして…なのかに関して教えていただけますか？）

❺

I did it because... …なので、そうしたのです

理由を述べる場面での、もっともシンプルかつニュートラルな響きの言い回し。

類
似
表
現
● **The reason I did it was...**（私がそうした理由は…でした）
● **One of the reasons was...**（理由のひとつは…でした）
● **I decided to... because～.**（～なので…することにしました）
● **The reason I took that action was...**（私がその行動を取った理由は…でした）

❻

The rationale for... was～. …の根拠は～でした

❺の表現よりももう少し丁寧度やフォーマル度が高い言い方。

類
似
表
現
● **The thinking behind... was～.**（…の背後の考えは～でした）
● **The impetus behind... was～.**（…の背景にあった刺激は～でした）
● **The key factor that influenced my decision was...**
（私の決断に影響し鍵となった要因は…でした）
● **The main factor in my thinking was...**（私の考えの主たる要因は…でした）
● **What drove my decision was...**（私を決断に駆り立てたのは…でした）
● **What pushed me to this conclusion was...**
（私をこの結論に押しやったのは…でした）

1 どうして急に仕事を辞める決意をしたの？

_____ did you _____ to suddenly _____ your job?

2 私の決断に影響した鍵となる要因は、父の功績を追い越すという夢でした。

The _____ _____ that influenced my decision was my ambition to surpass my father's _____.

3 なにがあなたに会社の犯罪について内部告発する気にさせたのですか？

_____ prompted _____ to blow the _____ on the company's wrongdoing?

4 私の部の再編の背景にあった刺激は、メンバーのモチベーションレベルの低さに気づいたことでした。

The _____ _____ my reorganization of the department was becoming _____ of the low levels of motivation among its members.

5 あなたがよりよい給与の仕事のオファーを断った理由に興味があります。

I'm curious _____ _____ you turned down the _____ of a job with higher pay.

6 提案に反対の投票をした理由は、実行に移される見込みがないと思ったからです。

The _____ I voted _____ the proposal _____ that I thought it did not stand a chance of being implemented.

7 よろしければ、あなたが「年間最優秀ビジネスパーソン」に選ばれた要因を詳しく教えていただけますか？

_____ you possibly _____ on the _____ that contributed to your being voted Businessperson of the Year?

8 キャンペーンの背後にあった根拠は、会社を環境意識分野の最先端に置くことでした。

The _____ _____ the campaign was to position the company at the forefront of environmental _____.

9 会社の給与体系をこの方法で体系化する特別な理由はありますか？

Is _____ a _____ reason for _____ the company bonus system in this way?

10 私を決断に駆り立てたのは、競合企業が製品の多角化で非常に成功したことを見たことです。

What _____ my _____ was seeing how successful our competitors had become by _____ their offerings.

11 私の考えの主たる要因は、短期の利益よりも長期の成功でした。

The _____ _____ in my thinking was long-term success rather _____ short-term profit.

12 第3四半期の収益が非常に低い理由に関して、いくらか手掛かりをいただくことはできるでしょうか。

I wonder _____ you could _____ some _____ on why third-quarter revenue is so low.

HINTS ❷ambition「願望；夢」❸wrongdoing「悪事；犯罪」❺turn down「断る」❻stand a chance「見込みがある；有望である」❼contribute to...「…に貢献する」❽position「適切な場所に置く」, forefront「最先端；中心」❿diversify「多角化する」, offering「製品」⓬revenue「収益」

Answers —— DL-35

1. **Why** did you **decide** to suddenly **quit** your job?
2. The **key factor** that influenced my decision was my ambition to surpass my father's **achievements**.
3. **What** prompted **you** to blow the **whistle** on the company's wrongdoing?
4. The **impetus behind** my reorganization of the department was becoming **aware** of the low levels of motivation among its members.
5. I'm curious **about why** you turned down the **offer** of a job with higher pay.
6. The **reason** I voted **against** the proposal **was** that I thought it did not stand a chance of being implemented.
7. **Could** you possibly **elaborate** on the **factors** that contributed to your being voted Businessperson of the Year?
8. The **rationale behind** the campaign was to position the company at the forefront of environmental **awareness**.
9. Is **there** a **particular** reason for **structuring** the company bonus system in this way?
10. What **drove** my **decision** was seeing how successful our competitors had become by **diversifying** their offerings.
11. The **main factor** in my thinking was long-term success rather **than** short-term profit.
12. I wonder **if** you could **shed** some **light** on why third-quarter revenue is so low.

理解と誤解

1 ・ Check the Phrases

こちらが理解したことを伝える表現は割合にシンプルです。しかしなんらかの誤解が生じたことが明らかな場合にも、ヒートアップした議論の最中でない限りは、No, you're wrong!（いや、君は間違っている！）といった強い言い方はせず、もっと気配りの効いた表現を心がけましょう。

❶

OK, I've got it. うん、わかった

シンプルかつインフォーマルに理解を表す言い回し。

類似表現
- I'm with you.（理解しているよ）
- I'm following you.（理解できているよ）
- That makes sense (to me).（わかっているよ）

❷

I get the picture. わかるよ

イディオム get the picture「〔状況・全体像を〕理解／把握する」で理解を示す言い方。**インフォーマルな場面やニュートラルな状況で役に立つ表現**です。

類似表現
- I'm on board.（わかってるよ）
- I'm on the same wavelength.（よく理解できてるよ）
- I'm on the same page.（理解しているよ）

❸

I've grasped the concept. 考え方は理解したよ

やや**フォーマルに理解を示す表現**。

類似表現
- I understand where you're coming from.（あなたの考えはわかるよ）

❹

I'm afraid you've got it wrong. すまないけど、誤解しているようだね

相手の誤解を強く指摘するとても直接的な表現。もう少し柔らかめに指摘したいときには、距離感を置く I think... を使い、I think you may have misunderstood.（誤解されているかもしれないと思います）と言いましょう。

5

That's not (quite) what I meant.

私が言いたかったことと、［ちょっと］違うんだよね

誤解を指摘する表現。焦点を自分に当てていて、気配りの効果が出ています。

類似
表現
● Let me clarify what I mean.（私が言いたいことを、明確にさせてね）

6

I'm sorry if I didn't make myself clear.

私の説明不足だったらごめんなさい

もうひとつの**気配りの利いた言い回し**。謝罪の言葉として表現しているため、相手ではなく、自分に誤解の責任があるように伝えることができます。

7

I believe there might be some misunderstanding here.

ここで、ちょっと誤解があると思うんですが

自分や相手を引き合いに出さず、非人称的な表現を使っていて、**気配りのある表現**になっています。

類
似
表
現
● I think there's been a misinterpretation.（ちょっと解釈の違いがあると思います）
● I think I see where the confusion is coming from.
（どこから混乱が生じたか、私のほうでわかると思います）
● I think I can detect the source of this misunderstanding.
（私のほうでこの誤解の元を見つけられると思います）

8

I think you've got hold of the wrong end of the stick.

あなたは誤解していると思います

誤解を指摘する場面でよく使われる、get hold of the wrong end of the stick「〔事実を〕取り違える、誤解する」というイディオムを含んだ表現。

類似
表現
● You're barking up the wrong tree.（見当違いをしていますね）
※イディオム bark up the wrong tree「見当違いのことをする」

1 あなたは誤解されているように思います。私のプランは既存の事業を統合整理することで、拡大することではありません。

It seems _____ me _____ you've _____. My plan is to consolidate our existing operations, not expand them.

2 わかりますよ。この件でのわれわれの適正評価には遺憾な点が多く残されていると、あなたが指摘していることは正しいですよ。

I _____ the _____. You're correct in _____ out that our due diligence in this case left a lot to be desired.

3 あなたはポイントを掴んでいないかもしれないと思います。輸出規定の変更は小規模ビジネスの助けにはなりません。

I think you _____ not _____ _____ the point. The changes in export regulations will not help small businesses.

4 ここで少々誤解があるかもしれないと思います。ボーナスの計算システムは前回の取締役会で承認されていますよ。

I believe _____ might be some misunderstanding _____. The bonus calculation system was _____ at the last board meeting.

5 あなたの考えは完全に理解しています。私たちは、コストカット対策において確かに、もっと積極的にならなければなりませんね。

I _____ get _____ you're coming _____. We definitely have to be more aggressive in our cost-cutting measures.

6 どこから混乱が生じているのか、私にわかると思います。あなたが引用している数字が最新のものではないのだと思います。

I think I _____ where the _____ is _____ from. I believe the figures you are quoting are not the most recent ones.

7 それは私が言いたかったこととはちょっと違います。建設プロジェクトをキャンセルすべきではなく、むしろ1年でそれを再考することを合意すべきなのです。

That's not quite _____ I _____. We shouldn't cancel the construction project _____ agree to reconsider it in a year's time.

8 あなたは誤解していると思います。私は、リモートワークがビジネスに否定的な影響を与えていると主張したことは決してありません。

I think you've got _____ of the _____ end of the _____.
I never claimed that remote working was having a negative effect on the business.

9 すまないけど、誤解しているようだね。あなたが提案した経営戦略は短期的な利益を実現するかもしれないけれど、それは長期的には会社に悪影響を及ぼすよ。

I'm _____ you've _____ it wrong. Your proposed management strategy may deliver short-term benefits, but it will hurt us in the long _____.

10 私が言いたいことを、わかりやすく説明させてください。私は支社を閉鎖すべきだと言ったのでありません。ただ可能性を調査すべきだと言っただけです。

_____ me _____ what I mean. I didn't say that we should shut the branch office _____. I just said we should explore the possibility.

11 私の説明不足だったら申し訳ありません。私はずっと CEO の会社に対するビジョンを支持してきました。

I'm sorry _____ I didn't make myself _____ enough. I have always _____ the CEO's vision for the company.

12 うん、わかった。市場で起こっている変化に関する君の分析はどんぴしゃりだ。

_____, I've _____ it. Your analysis of the changes that are _____ place in the market is spot-on.

❶consolidate「統合整理する」❷due diligence「適正評価」❸regulation「規定；規制」❹ratify「承認する」❻quote「引用する；引き合いに出す」❾deliver「叶える」❿explore「調査する；探査する」⓬spot-on「正確な；どんぴしゃりの」

Answers —— DL-36

1. It seems **to** me **that** you've **misunderstood**. My plan is to consolidate our existing operations, not expand them.
2. I **get** the **picture**. You're correct in **pointing** out that our due diligence in this case left a lot to be desired.
3. I think you **may** not **have grasped** the point. The changes in export regulations will not help small businesses.
4. I believe **there** might be some misunderstanding **here**. The bonus calculation system was **ratified** at the last board meeting.
5. I **fully** get **where** you're coming **from**. We definitely have to be more aggressive in our cost-cutting measures.
6. I think I **see** where the **confusion** is **coming** from. I believe the figures you are quoting are not the most recent ones.
7. That's not quite **what** I **meant**. We shouldn't cancel the construction project **but** agree to reconsider it in a year's time.
8. I think you've got **hold** of the **wrong** end of the **stick**. I never claimed that remote working was having a negative effect on the business.
9. I'm **afraid** you've **got** it wrong. Your proposed management strategy may deliver short-term benefits, but it will hurt us in the long **run**.
10. **Let** me **clarify** what I mean. I didn't say that we should shut the branch office **down**. I just said we should explore the possibility.
11. I'm sorry **if** I didn't make myself **clear** enough. I have always **supported** the CEO's vision for the company.
12. **OK**, I've **got** it. Your analysis of the changes that are **taking** place in the market is spot-on.

37

Saying You Don't Understand, Asking for Clarification

理解していないと言う・明確化を求める

1・Check the Phrases

誤解の可能性が出てきたときは相手の話に割って入る必要があるので、十分に気を配りましょう。通常、このストラテジーはふたつの部分から成り立っています。まずは、誤解の責任は相手ではなく自分の側にあることを暗に示しながら謝罪の言葉を述べることです。それに続けて、繰り返しや明確化を求める表現、あるいはさらなる情報を求める表現を使いましょう。

❶

I'm sorry, but could you please repeat that?

すみませんが、繰り返していただけますか？

もっともシンプルに、相手が言ったことを完全に理解できていないと伝える表現で、ほとんどどの場面でも使えます。より丁寧な言い方にするときには、センテンスの一部を I wonder if you could...（…していただけるかなぁと思っているのですが）、Could you possibly...?（よろしければ…していただけますか？）などの距離を置くフレーズに換えましょう。

❷

I'm afraid I didn't quite catch that. Could you explain it again, please?

すみませんが、よく掴めませんでした。もう一度繰り返していただけますか？

❶よりもややフォーマル度の高い表現。

類似表現
- **I'm sorry, but I didn't quite understand what you just said. Would you mind clarifying?**（すみませんが、仰ったことがよく理解できませんでした。私に理解しやすくしていただけますか？）
- **I'm not sure I understood correctly. Could you break that down for me?**（正しく理解できたかわかりません。噛み砕いて説明していただけますか？）
- **I'm sorry, but I'm not following. Could you possibly repeat that?**（すみませんが、理解できていません。よろしければ繰り返していただけますか？）

158

- I'm afraid I'm a bit confused. Would you mind providing a bit more detail, please?

(すみませんが、少々混乱しています。もう少し詳しくお話ししていただけますか？)

❸

Sorry, but I'm having difficulty grasping the concept of... Could you try explaining it again, please?

すみませんが、…のコンセプトを掴むのに苦労しています。もう一度ご説明してみていただけますでしょうか？

相手の話のどの部分が不明確なのかを伝える場面で役に立つ表現。頭の部分は I'm struggling to grasp...（…の把握に苦しんでいます）としても構いません。

類似表現
- I'm sorry but I didn't quite get the gist of your explanation about... Could you go through it one more time, please?(すみませんが…に関するあなたのご説明の要点がよくわかりませんでした。もう一度、説明をお願いできますでしょうか？)
- I'm afraid I'm not familiar with the idea/concept of... Could you clarify it, please?(申し訳ありませんが、…という概念／コンセプトに馴染みがありません。理解しやすくしていただけますか？)
- I'm afraid the idea/concept of... is new to me.
(申し訳ありませんが、…という概念／コンセプトは、私にとってはじめてなんです)

❹

I'm sorry, but I'm all at sea here. Could you try explaining it a bit more simply, please?

すみませんが、いま完全に混乱しています。もう少しシンプルにご説明してみていただくことはできますでしょうか？

相手の話や説明を聞いたけれども、まったく理解できなかったときに使える表現。※イディオム all at sea「途方に暮れて」

類似表現
- Sorry, but I'm totally lost here. Would it be possible to put that into simpler terms?(すみませんが、完全に理解できなくなりました。もっと単純な用語に言い換えていただくことはできますでしょうか？)
- I'm afraid you've completely lost me there. Could you try explaining it another way, please?(すみませんが、完全にわからなくなっています。別の方法で説明してみてもらうことはできますか？)

2 • Fill-in-the-Blank Training

1 残念ながら、新しいライセンス契約に関してあなたが言ったことがよくわかりませんでした。もう一度、説明していただけますか？

I'm afraid I didn't _____ catch _____ you said about the new licensing agreement. Could you _____ it again, please?

2 すみませんが、電子通貨の概念を理解するのに苦労しています。もう一度、説明を試みていただくことはできますか？

Sorry, but I'm _____ difficulty grasping the _____ of digital currencies. Could you try _____ through it again, please?

3 あなたは、われわれが売上税を扱う方法を変更することに関してなにかおっしゃいましたが。すみませんが、それを繰り返していただけますか？

You said _____ about making changes to the way we treat sales tax. I'm _____, but could you please _____ that?

4 すみませんが、会社の供給企業の倒産の理由に関するあなたのご説明の要点がよくわかりませんでした。よろしければ、その部分をもう一度ご説明いただけますか？

I'm sorry, but I didn't _____ get the _____ of your explanation of the reason for our supplier's bankruptcy. Could you _____ go through that part one more time, please?

5 残念ながら理解できていません。よろしければ会社の新しいオンラインマーケティング戦略のご説明を噛み砕いてお話しいただけますか？

I'm afraid I'm not _____. Could you _____ _____ down your explanation of our new online marketing strategy?

6 すみませんが、エスクロー勘定の設定という概念は、私にとってかなり目新しいものなのです。その部分を私に繰り返していただくことができるでしょうか。

I'm sorry, but the _____ of setting up an escrow account is rather _____ _____ me. I wonder if you could repeat that part for me.

7 すみませんが少々混乱しています。新しい会計基準についての詳細をもう少しご提供いただくことはできるでしょうか？

I'm afraid I'm a bit _____. Would you _____ providing a bit more _____ about the new accounting standards, please?

8 すみませんが、完全にわからなくなっています。なぜCFOを解雇しなければならなかったのか、あなたのご説明を繰り返していただくようお願いしてもいいでしょうか？

I'm afraid you _____ _____ me there. Could I ask _____ to repeat your explanation of why we had to dismiss the CFO?

9 すみませんが、輸出規定の変更に関する部分がよくわかりませんでした。もう一度ご説明いただけますか？

I'm sorry, but I didn't _____ catch that _____ about changes to export regulations. Could you explain it _____, please?

10 残念ながらNFTの概念に馴染みがありません。もう一度その部分をご説明いただけますか？

I'm _____ I'm not _____ _____ the idea of NFT's. Could you go over that part again, please?

11 すみませんが、信託口座の開設という概念の理解に苦しんでいます。よろしければもっとシンプルな用語で述べていただけますか？

Sorry, but I'm _____ to grasp the idea of setting up a trust account. Could you _____ put that in more simple _____?

12 すみませんが、完全に混乱しています。会社の訴訟事件についてもう少しシンプルな説明を試みていただけますか？

I'm sorry, but I'm _____ at _____ here. Could you _____ explaining our legal case a bit more simply, please?

Answers —— DL-37

1. I'm afraid I didn't **quite** catch **what** you said about the new licensing agreement. Could you **explain** it again, please?

2. Sorry, but I'm **having** difficulty grasping the **concept** of digital currencies. Could you try **going** through it again, please?

3. You said **something** about making changes to the way we treat sales tax. I'm **sorry**, but could you please **repeat** that?

4. I'm sorry, but I didn't **quite** get the **gist** of your explanation of the reason for our supplier's bankruptcy. Could you **possibly** go through that part one more time, please?

5. I'm afraid I'm not **following**. Could you **possibly break** down your explanation of our new online marketing strategy?

6. I'm sorry, but the **concept** of setting up an escrow account is rather **new to** me. I wonder if you could repeat that part for me.

7. I'm afraid I'm a bit **confused**. Would you **mind** providing a bit more **detail** about the new accounting standards, please?

8. I'm afraid you **completely lost** me there. Could I ask **you** to repeat your explanation of why we had to dismiss the CFO?

9. I'm sorry, but I didn't **quite** catch that **part** about changes to export regulations. Could you explain it **again**, please?

10. I'm **afraid** I'm not **familiar with** the idea of NFT's. Could you go over that part again, please?

11. Sorry, but I'm **struggling** to grasp the idea of setting up a trust account. Could you **possibly** put that in more simple **terms**?

12. I'm sorry, but I'm **all** at **sea** here. Could you **try** explaining our legal case a bit more simply, please?

比 較 1

1 · Check the Phrases

なにかを比較することはフォーマルな会話でも、インフォーマルな会話でも、あるいは話し言葉や書き言葉でも頻繁に行われることです。英語では比較の仕方には多様な方法があり、比較の基本的な種類を分析しておくことは非常に有益です。まず、ふたつのものがなんらかの部分で同等であると言いたいときに使うもっとも一般的な表現は、as＋形容詞／副詞＋asの形です。次に、同等でないことを述べるもっとも一般的な表現は、おもに形容詞＋-er＋thanあるいはmore＋形容詞＋thanの形。3番目のカテゴリーは類似で、asやlikeが用いられます。4番目は完全に同等だと述べる表現で、the same asやno different from/thanあるいはidentical toなどを用います。

❶

as［形容詞］as［名詞/節］

［名詞／節］と同じくらい［形容詞］な

ふたつの物事がなんらかの部分で同等であることを示すときの、**もっとも一般的な表現**。最初のasのあとには形容詞が続いています。例えば、as valuable as goldでは「金と同じくらい価値のある」という意味でvaluableは形容詞です。また2番目のasの後ろには名詞だけでなく節を置くこともできます。例えば、as much as I expectedは「私が予想したのと同じくらい」という意味で(as) I expectedが節になっています。

❷

as［副詞］as［名詞/節］

［名詞／節］と同じくらい［副詞］に

❶の形容詞の部分に副詞を用いることも可能です。例えば、as skillfully as my friend（友人と同じくらい上手に）のskillfullyは副詞です。また、❶と同様、2番目のasのあとに節を置くこともできます。as well as I had hoped（私が期待したのと同じくらいよく）では (as) I had hopedが節になっています。

❸

［形容詞］+ -er／［副詞］+ -er than...
more +［形容詞］／［副詞］+ than...

…よりも［形容詞／副詞］な／に

これは比較級の形容詞／副詞の標準的な形です。ふたつかそれ以上のものがなんらかの部分で同じではないことを表すことができます。例えば、次のような表現が可能です。

bigger than...（…より大きい）、more expensive than...（…より高価な）、more widely than...（…より広く）

❹

the +［形容詞］+ -est／［副詞］+ -est
the most +［形容詞］／［副詞］

もっとも［形容詞／副詞］な／に

最上級も比較表現のひとつです。次のような例が挙げられます。

the richest people（もっとも裕福な人々）、the most difficult problem（もっとも難しい問題）、the fastest growing company（もっとも早く成長している企業）、the most widely spoken language（もっとも広く話されている言語）

❺

as/like... …のように

この2語は物事の類似性を表現する場面でよく用いられます。例えば次のように使用します。

My sister likes classical music, <u>as</u> I do.（姉は私と同様にクラシック音楽が好きだ）
<u>Like</u> my father, I enjoy watching sports.
（父のように、私もスポーツ観戦を楽しんでいる）

❻

the same ［名詞］as... …と同じ［名詞］

この表現はふたつの物事が完全に同一であることを示したいときに用いられます。例えば次のように使用します。

I like the <u>same</u> movies <u>as</u> my friend.（友人と同じ映画を気に入っている）
This jacket is the <u>same</u> size <u>as</u> that one.（このジャケットはあれと同サイズだ）

第2章 ― こなれた表現24 ― Ｎｏ・38

163

1 現在の経済環境を考えると、第2四半期の収益は会社として期待できる程度だった。

Given the current economic _____, second-quarter revenue was
_____ good _____ we could expect.

2 われわれが現在直面している問題は、過去に対処したものとまったく同じです。

The problems we are currently facing are _____ different _____ the
ones we dealt _____ in the past.

3 大都市の不動産購入は5年前よりもはるかに高額です。

_____ real estate in a major city is way _____ expensive _____ it
was five years ago.

4 新タワーの建設が、ちょうど期待していたとおりの速さで進んでいることをご報告できるのをうれしく思います。

I'm happy to _____ that the construction of the new tower is
progressing just _____ _____ as we had hoped.

5 わが社の主要な競合と同様、わが社も途上国でのサービス提供の拡大に目を向けています。

_____ our main competitors, we are _____ to expand the
services we _____ in developing countries.

6 この厳しいリクルート市場において、ほかの企業と同じく、よいスタッフを見つけるのに問題を経験しています。

In this tight _____ market, we are experiencing the _____
problems finding good staff _____ other companies are.

7 新製品発売のもっとも困難な部分は、最適な価格帯を決定することです。

The _____ complicated part of _____ the new product is
_____ on the optimal price point.

8 残念ながら、私は部署のほかの人たちほど新しいITスキルを習得するのが早くないのです。

Unfortunately, I'm _____ _____ fast at learning new IT skills _____ the
others in my department.

9 最新の数値では、インフレ率は数十年間でもっとも高くなっています。

According to the latest _____, the inflation rate is _____ _____
it has been for some decades.

10 世界的な供給不足が原料のコストを昨年よりもかなり高額にしました。

Worldwide supply shortages have _____ the cost of raw materials much _____ expensive _____ they were last year.

11 同僚たちの多くも行ったように、私はセクションチーフについて不平を訴えました。

I _____ complained about the section chief, _____ _____ of my colleagues have also done.

12 AIの向上によって、もしかすると今後数年で研究に費やすお金がかなり少なくなるかもしれません。

With improvements in AI, we could _____ spend _____ _____ money on research in the coming years.

HINTS ❶revenue「収益」❸real estate「不動産」❹progress「前進する；捗る」❺look to...「…に注目する；目を向ける」❻tight「厳しい」❼optimal「最適な」❾inflation rate「インフレ率」⓫complain「不満を言う；訴える」⓬ improvement「向上；改善」

Answers —— DL-38

1. Given the current economic **climate**, second-quarter revenue was **as** good **as** we could expect.
2. The problems we are currently facing are **no** different **to** the ones we dealt **with** in the past.
3. **Buying** real estate in a major city is way **more** expensive **than** it was five years ago.
4. I'm happy to **report** that the construction of the new tower is progressing just **as quickly** as we had hoped.
5. **Like** our main competitors, we are **looking** to expand the services we **provide** in developing countries.
6. In this tight **recruitment** market, we are experiencing the **same** problems finding good staff **as** other companies are.
7. The **most** complicated part of **launching** the new product is **deciding** on the optimal price point.
8. Unfortunately, I'm **not as** fast at learning new IT skills **as** the others in my department.
9. According to the latest **figures**, the inflation rate is **the highest** it has been for some decades.
10. Worldwide supply shortages have **made** the cost of raw materials much **more** expensive **than** they were last year.
11. I **have** complained about the section chief, **as many** of my colleagues have also done.
12. With improvements in AI, we could **possibly** spend **much less** money on research in the coming years.

39 Comparisons 2

比 較 2

1 ・ Check the Phrases

比較や対照を表すことができる表現は、センテンスの冒頭に登場することもありますが、ほかの部分で登場する場合もあります。

1

similarly... 同様に…

ふたつの物事が共通する性格を持つことを表す副詞です。例えば、The two candidates had <u>similarly</u> strong educational achievements.（ふたりの候補者は同様に強力な教育上の業績を持っていました）のように使います。「同様」の副詞は likewise です。例えば、I prefer reading to watching TV, and <u>likewise</u>, my sister never goes anywhere without a book.（私はテレビを観るよりも読書のほうが好きです、同様に、私の姉は本を持たずにどこかに出かけることはありません）と使います。

2

...in the same way as〜 〜と同様に…

同様または類似した方法でふたつの事柄が行われることを示したい場合があります。例えば、I used to dress <u>in the same way as</u> my brother.（私はかつて兄と同じような服装をしていました）のように使います。

3

As with... …と同じように；同様

ふたつの状況を比較するときに役立つ表現。例えば、<u>As with</u> training for sports, good study habits depend on regularity and personal discipline.（スポーツのトレーニングと同じように、よい学習習慣は規則正しさと自己鍛錬に左右されます）

類似
表現 | • like...（…のように）、just like...（ちょうど…のように）など

4

Compared to... …と比較して

166

この言い回しは**比較する場面でよく使われます**。例えば、<u>Compared to</u> David, Paul is a much better swimmer.（デイヴィッドと比較すると、ポールはずっとよい水泳選手だ）のように使います。

類似表現 ● **in comparison to...**（…と比べると；比較すると）※どちらの言い回しでも、to を with に変えることができる点も確認しておきましょう。

❺ _____

On the other hand, ... また一方で…；他方では…

比較するポイントなどを切り出すときによく使われる言い方です。例えば、I like to spend time alone. <u>On the other hand</u>, my brother loves to go out with his friends.（私はひとりで時間を過ごすのが好きだ。一方で兄は友人たちと出かけるのが大好きだ）のように使います。

類似表現 ● **in contrast**（対照的に）、**conversely**（反対に）など

❻ _____

Unlike... …とは異なって

2者の類似点が欠けていることを強調する表現。<u>Unlike</u> Los Angeles, New York City is an easy place to walk around.（ロサンゼルスとは違って、ニューヨークは楽に歩き回れる場所です）のように使用します。

❼ _____

On the contrary, ... それどころか…；むしろ…；正反対に…

異なった視点を切り出すのに使う表現。例えば、Most people expected Mary to become a lawyer, but <u>on the contrary</u>, she became a successful entrepreneur.（ほとんどの人はメアリーが弁護士になると予想していたが、それどころか彼女は起業家として大成功を収めた）と使います。

❽ _____

While... …ではあるものの；…とは言え；…だが

while は時間や期間を表す以外に、反対・比較・対照・譲歩などを表す接続詞としての用法もあります。例えば、<u>While</u> parking fees and gasoline are expensive, I prefer driving to taking public transportation.（駐車料金やガソリンは高価ですが、私は公共交通機関の利用よりも運転のほうが気に入っています）のように使います。while を whereas（…だが；…であるのに反して）に変えても OK。

2 · Fill-in-the-Blank Training

1 前のCEOと比較すると、新しいCEOはイノベーションに対してはるかに前向きな取り組みをしているようです。

_____ _____ our former CEO, the new one seems to have a much more open-minded approach to _____.

2 わが社のヨーロッパへの輸出は相当な増加を経験しています。そして北アメリカへの出荷も同様です。

Our _____ to Europe have seen a substantial _____, and _____, our shipments to North America.

3 数人のより悲観的な役員会メンバーとは対照的に、私は来年の収益性のアップに高い期待を抱いています。

_____ contrast _____ some of the more pessimistic members of the board, I have _____ hopes for increased profitability next year.

4 総収益は上向きの軌道に乗っているのですが、社員のモラルは低下しつつあるようです。

Overall _____ is on an upward trajectory whereas employee _____ seems to be _____ the decline.

5 業務慣例の観点では、わが社はコロナパンデミック以前のそれとまったく同様には営業を行いそうにはありません。

From the point of _____ of working practices, we are unlikely to operate in the _____ way _____ we did prior to the COVID-19 pandemic.

6 パーツの単価はかなり下がりました。反対に、供給業者は最小発注単位を増やしました。

The price _____ unit of the components has decreased significantly. _____, the _____ has increased the minimum order quantity.

7 前会計年度には、どの競合企業もわが社と同様の順調な決算報告を生み出せていません。

_____ of our competitors produced _____ healthy results _____ ours in the last financial year.

8 部内の数人の同僚とは異なり、私はわが社の新営業戦略がポジティヴな結果を出すことにまったく疑いを持っていません。

_____ some of my colleagues in the department, I have no _____ that our new sales _____ will deliver positive results.

9 わが社の財務管理への注意の必要性は認識しているものの、私は大胆な投資の決断を行う必要があると信じています。

_____ I appreciate the need for caution in our financial management, I believe we need to take some _____ _____ decisions.

10 緊急にコストカットすることが必要ですが、しかし一方で、研究開発にはさらなる資金を投入する必要があります。

We urgently need to cut costs, _____ _____ the _____ hand, we need to put more funds into R&D.

11 わが社の採用方針同様、スタッフトレーニングに関するアドバイスをしてくれる社外相談役を入れる必要があります。

As _____ our recruitment _____, we need to bring _____ an outside consultant to advise us on staff training.

12 取締役会は、会社の社会貢献活動の努力が満足のいくものだという意見です。正反対に、私はさらに多くを行うべきだと考えます。

The board is of the _____ that our CSR efforts are satisfactory. On _____ _____, I think we should do a lot more.

❶open-minded「受け入れやすい；進取の気性に富む；心の広い；偏見のない」❷substantial「相当な」❸profitability「収益性」❹trajectory「軌道；コース」❺working practices「業務慣例」❻minimum order quantity「最小発注単位」❼results「決算報告書」❽deliver「果たす；叶える」❾financial management「財務管理」❿R&D「研究開発」⓫outside consultant「社外相談役」⓬CSR「社会貢献活動」

Answers —— DL-39

1. **Compared to** our former CEO, the new one seems to have a much more open-minded approach to **innovation**.
2. Our **exports** to Europe have seen a substantial **increase**, and **likewise**, our shipments to North America.
3. **In** contrast **to** some of the more pessimistic members of the board, I have **high** hopes for increased profitability next year.
4. Overall **revenue** is on an upward trajectory whereas employee **morale** seems to be **on** the decline.
5. From the point of **view** of working practices, we are unlikely to operate in the **same** way **as** we did prior to the COVID-19 pandemic.
6. The price **per** unit of the components has decreased significantly. **Conversely**, the **supplier** has increased the minimum order quantity.
7. **None** of our competitors produced **similarly** healthy results **to** ours in the last financial year.
8. **Unlike** some of my colleagues in the department, I have no **doubt** that our new sales **strategy** will deliver positive results.
9. **While** I appreciate the need for caution in our financial management, I believe we need to take some **bold investment** decisions.
10. We urgently need to cut costs, **but on** the **other** hand, we need to put more funds into R&D.
11. As **with** our recruitment **policy**, we need to bring **in** an outside consultant to advise us on staff training.
12. The board is of the **opinion** that our CSR efforts are satisfactory. On **the contrary**, I think we should do a lot more.

選択肢の提供と選択

1・Check the Phrases

だれかに選択肢を示すときの表現も多様ですが、いずれも基本的な Would you like A or B?（AあるいはBのどちらがよいですか？）のバリエーションと言えます。しかし、相手に選択を求める場合、「コーヒーか紅茶」といった些細な選択肢から、まったく急いで判断する必要のない選択肢まであります。一方、差し迫った物事で選択を求めたいときには、急いで返事が欲しいと強調する必要があります。また、自分の選択を伝える表現には、まだ完全に決められないことを伝える言い方もあります。

1

Would you like/prefer A or B? Aがいいですか？それともB？

相手の選択をたずねるときの**非常にシンプルな言い方**です。よく似た表現として、Which would you prefer, A or B?（どちらがお好みですか？ AかBか？）もあります。急いで決めなくていいと相手に強調したいときには、There's no rush.（急がなくていいですよ）、Please take your time.（時間をかけてください）といった表現をつけ加えましょう。

2

You can choose between A and B. AとBから選べます

選択を求めるときに、疑問文ではなく肯定文を使うこともできます。

類似表現
- **You can go with either A or B.**（AかBのどちらかを選べます）
- **There are/We have two alternatives, A and B.**（AとBのふたつの選択肢があります）
- **Take your pick between A and B.**（AとBから選んでください）

3

I hate to rush you, but... 急かしたくはないのですが…

急を要する場面で、相手に急いで返事をもらう必要があるときに役立つ表現です。

- **I'm afraid time is running out, so...** (すみませんが時間がなくなっているので…)
- **I'm afraid you need to decide as soon as possible, so...**
  (すみませんが、できるだけ早く決めてもらう必要がありますので…)
- **I wonder if you could possibly let me know your choice soon.**
  (可能ならすぐにあなたの選択を教えてもらえたらなぁと思っていまして)
- **We really need a quick decision on this, so...**
  (これに関してはほんとうに急ぎの決断が必要なので…)

4

I've chosen/selected... …を選びます

もっともシンプルに自分の選択を示す言い回しです。

- **My choice is...** (私の選択は…です)
- **My preference is...** (私は…のほうがいいです)
- **(I think) I'll go with...** (…にします［しようと思います］)
- **(I think) I'd rather...** (…のほうがいいです［いいと思います］)
- **I've decided to go with...** (…にすることにしました)
- **I've decided on...** (…に決めました)

5

I've made up my mind to... …することを決心しました

かなりフォーマル度の高い表現で、より真剣な選択を伝える場面で使われます。

- **I've resolved to...** (…することを決意しました)
- **I've opted for...** (…のほうを選択しました)
- **I've settled on...** (…に決定しました)

6

(I'm not sure, but) I'm inclined to...

［わからないけど］なんとなく…したいかなぁ

すぐにはっきりと決断するのが難しい場面で役立つ表現。「どちらかと言えばこっちのほうがいいかなぁ」という感情が含まれています。

- **I'm leaning toward...** (…のほうに傾いてます)

1   その件についてじっくり考えたあと、面接した２番目の候補者に決定しました。

After _____ the matter a great deal of thought, I've _____ _____ the second candidate we interviewed.

2   私に関する限りは、ふたつの提案のどちらを選んでも構いません。あなた次第ですよ。

As _____ as I'm concerned, you can _____ with _____ of the two offers. It's up to you.

3   全体的に見ると、すぐに契約にサインするよりももう少し時間をもらうほうがいいですね。

On the _____, my _____ is to ask for a bit more time _____ than sign the contract right away.

4   モダンな家具か伝統家具から選択してください。時間をかけてください。まったく急ぐ必要はありませんので。

_____ your pick _____ the modern furniture or the traditional pieces. Please take your time. There's absolutely _____ hurry.

5   オッケー、現在の会計事務所の代わりに新しい事務所で行くことに決めました。

OK, I've _____ to go _____ the new accountancy firm in _____ of our current one.

6   供給会社はどちらを選ぶこともできますが、ほんとうにあなたの素早い決断が必要なのです。

We can go _____ _____ of the two suppliers, but I really need a quick decision _____ your part.

7   高額の固定給与の仕事と成果主義のボーナスのある仕事のどちらがいいですか？

_____ would you _____, a job with a high fixed salary _____ one with a performance-related bonus?

8   いまは決断に達することができませんが、新しいオフィスには都市の中心部の代わりに郊外を選びたい気がします。

I can't _____ to a decision right now, but I'm _____ to _____ the suburbs instead of the city center for our new office.

9   顧客とのディナーはどっちのレストランがいいですか？ 申し訳ないですが時間が厳しいので、できるだけ早くお知らせいただくことはできるでしょうか？

Which restaurant would you _____ for the client dinner? I'm _____ time is tight, so could you _____ me know as soon as you can, please?

10 ついに仕事を辞めて自分のビジネスを始める決心をしました。

I've finally _____ _____ my mind _____ leave my job and start my own business.

11 急かすのは嫌なのですが、今日中にプロジェクトにどちらの建築家を選ぶか決定してもらう必要があるのです。

I _____ to _____ you, but you need to make a decision _____ which architect to choose for the project by the end of today.

12 はっきりはしていませんが、少なくとも週の一部では全スタッフにリモートワークを許可する方向に傾いています。

I'm not _____, but I'm _____ toward _____ all staff to work remotely, at least for part of the week.

HINTS ❶candidate「候補者」❷offer「提案；申し出」❸contract「契約」❹traditional「伝統的な」❺accountancy firm「会計事務所」❻supplier「供給業者；仕入れ先」❼performance-related「成果主義の」❽suburb「郊外」⓫ architect「建築家」⓬work remotely「リモートで働く」

1. After **giving** the matter a great deal of thought, I've **settled on** the second candidate we interviewed.
2. As **far** as I'm concerned, you can **go** with **either** of the two offers. It's up to you.
3. On the **whole**, my **preference** is to ask for a bit more time **rather** than sign the contract right away.
4. **Take** your pick **between** the modern furniture or the traditional pieces. Please take your time. There's absolutely **no** hurry.
5. OK, I've **decided** to go **with** the new accountancy firm in **place** of our current one.
6. We can go **with either** of the two suppliers, but I really need a quick decision **on** your part.
7. **Which** would you **prefer**, a job with a high fixed salary **or** one with a performance-related bonus?
8. I can't **come** to a decision right now, but I'm **inclined** to **choose** the suburbs instead of the city center for our new office.
9. Which restaurant would you **prefer** for the client dinner? I'm **afraid** time is tight, so could you **let** me know as soon as you can, please?
10. I've finally **made up** my mind **to** leave my job and start my own business.
11. I **hate** to **rush** you, but you need to make a decision **on** which architect to choose for the project by the end of today.
12. I'm not **sure**, but I'm **leaning** toward **allowing** all staff to work remotely, at least for part of the week.

41 Suggesting alternatives

代替案を提案する

1・Check the Phrases

だれかがなにかを行うのに困っているときには、なんらかの代替案を提供して
あげたくなるものですが、その目的で用いられる英語表現も数多くあります。
どの表現を使うか決めるときにもっとも重要なのは、直接的な言い方にするの
か、間接的な言い方にするのかの選択です。代替案を提案してもらうのをとて
もうれしく感じる人もいますが、逆に押しつけがましいと感じたり、見下され
たように感じたりする人もいるかもしれません。代替の選択肢を助言するとき
には、相手や状況について適切に判断することを心がけましょう。

1

How about...? …はどう？

この表現やWhat about...?（…はどう？）がもっともシンプルな代替案の提案表
現です。肯定文ではなく疑問文の形にはなっていますが、表現の響きはかなり
直接的です。

2

You should try... …を試してみるべきだよ

これは**かなり直接的な表現**で、知り合いや地位が下の人と話している場面
でもっともよく使われます。Why not try...?（…を試してみたらどう？）と疑
問文の形にすれば少々柔らかい言い方になります。さらに強調したければ、
Alternatively, you could.../As an alternative, you could...（代わりに…もできるかも
ね）と言えます。

3

Another option would be to...
ほかの選択肢は…することでしょうね

仮定法が用いられているため、**丁寧な距離のある言い方**で、ややためらいがち
な響きを含みます。wouldの代わりにmightを用いるとさらに間接的になります。

174

● **Instead of that, you could/might...**(その代わりに、…もできますね／…してもいいか
もしれませんね)

4

What if...? …だとしたら、どうでしょうか？

肯定文を避けていて、**かなり間接的な表現**。仮定のシナリオを作り出す疑問文
を用いた提案表現と言えます。

5

Have you considered trying...? …を試すことは考えてみましたか？

間接的な言い回しにしたい場面では、yes/no で返事ができる疑問文を用いるの
はとてもよいアイデアです。相手がこちらの提案などを却下しやすくなるため
です。また、ためらいの感覚を含んだ Perhaps/Maybe you could consider...(多分
…を考えることもできるかも)、It might be worthwhile to consider...(…を検討するの
もいいかも)、It could be worth considering...(…を検討する価値があるかも) などの
表現も間接的な響きを出すには有効です。

6

Would you be open to...? …は受け入れられるでしょうか？

これは**フォーマルなシーンでよく使われる言い回し**で、ビジネス交渉の場面な
どにもっともよく馴染むものです。

● **open →amenable**(対応できる；受け入れる)、**agreeable**(同意して)

7

I suggest you explore... あなたが…を調べてみることを勧めます

フォーマルな表現。直接的な響きの言い回しで、アドバイスを与えるべき役職
の人物、例えば弁護士やコンサルタント、教員などによってよく用いられます。
少々柔らかい言い方にしたい場合には、頭に If you would allow me to propose
an alternative, ...(代替案をあなたに提案してよければ…) といった節を置くといい
でしょう。

2 · Fill-in-the-Blank Training

1 詳細を少しカットして同じプレゼンテーションを利用するのはどう？

How _____ _____ the same presentation but cutting _____ of the details?

2 就職が決まらなかったと聞いたけど、残念だったね。インターンシップを試すことは考えてみましたか？

I'm sorry to _____ you didn't get the job. Have you _____ _____ to secure an internship?

3 辞職する代わりに、上司と話して転動を頼むこともできるかもしれませんね。

_____ of resigning, _____ _____ possibly talk to the boss and request a transfer.

4 Eメールで返事がもらえないなら、代わりに彼に電話してみるべきですよ。

If you can't _____ a response by email, you _____ try _____ him instead.

5 ここまでの努力が報われていないのなら、国の他の地域で機会を探ってみることをお勧めします。

_____ your efforts have been unsuccessful so far, I _____ you _____ opportunities in other regions of the country.

6 従来の広告が望んでいる結果を生み出していないのなら、デジタルマーケティングにより重点を置くことを検討するのもいいかもしれません。

If conventional _____ isn't producing the desired results, it _____ be worthwhile to _____ putting greater emphasis on digital marketing.

7 国内での拡大の代替として、海外市場の扉を開くことを検討してもいいかもしれません。

As an _____ _____ expanding domestically, you _____ want to consider opening up overseas markets.

8 残念ながら現在は終身雇用はご提供できません。契約ベースの身分は受け入れられるでしょうか？

I'm _____ we can't offer a permanent position at present. Would you be _____ _____ a contract-based position?

9 より多くのマーケティングスタッフを雇い入れるより、有名なSNSのインフルエンサーに連絡してみてはどうでしょう？

_____ than take on more marketing staff, _____ if we reached _____ to prominent social media influencers?

10 私が代替案の提案をしてもよろしければ、もっと大きな銀行にローンを依頼してみる価値はあると思います。

If you would _____ me to _____ an alternative, I think it would be _____ your while to approach a larger bank for a loan.

11 売り上げアップのもうひとつの選択肢は、パフォーマンスボーナスの上限を廃止することでしょう。

Another _____ to improve _____ would be to _____ the cap on performance bonuses.

12 あなたは東京本社ではなく、大阪支店での勤務を受け入れられるでしょうか。

I wonder _____ you would be amenable _____ working in the Osaka branch rather _____ the head office in Tokyo.

HINTS
❷secure「確保する；（役職などに）就く」❸transfer「転勤；転任」❻conventional「従来の」, emphasis「重点」❼ overseas markets「海外市場」❽permanent position「終身雇用」❾take on...「…を雇用する」⓫cap「上限」⓬ branch「支社」

Answers —— DL-41

1. How **about using** the same presentation but cutting **some** of the details?
2. I'm sorry to **hear** you didn't get the job. Have you **considered trying** to secure an internship?
3. **Instead** of resigning, **you could** possibly talk to the boss and request a transfer.
4. If you can't **get** a response by email, you **should** try **calling** him instead.
5. **If** your efforts have been unsuccessful so far, I **suggest** you **explore** opportunities in other regions of the country.
6. If conventional **advertising** isn't producing the desired results, it **might** be worthwhile to **consider** putting greater emphasis on digital marketing.
7. As an **alternative to** expanding domestically, you **might** want to consider opening up overseas markets.
8. I'm **afraid** we can't offer a permanent position at present. Would you be **open to** a contract-based position?
9. **Rather** than take on more marketing staff, **what** if we reached **out** to prominent social media influencers?
10. If you would **allow** me to **propose** an alternative, I think it would be **worth** your while to approach a larger bank for a loan.
11. Another **option** to improve **sales** would be to **abolish** the cap on performance bonuses.
12. I wonder **if** you would be amenable **to** working in the Osaka branch rather **than** the head office in Tokyo.

第2章 ─ こなれた表現24 ─ No.41

重要性／非重要性について話す

1・Check the Phrases

なにかの重要性や非重要性を表す形容詞は vital(極めて重要な；不可欠の)、crucial(極めて重大な；必須の)、key(重要な；必須の)、trivial(些細な；取るに足らない)、inconsequential(重要でない；取るに足らない)、negligible(無視できるほどの；取るに足らない) などです。これらの形容詞とペアになって使われる名詞(コロケーション) としては factor(要素；要因)、component(構成要素)、aspect(側面)、element(要素)、point(点；要点) などがあります。

1

An important aspect (etc.)... 重要な側面…

重要性を語る場面で使えるもっともシンプルでわかりやすい表現です。よく使われる類義語には significant(重要な；重大な) があります。これらの語の名詞も、of ＋ 名詞の形で、形容詞の代用として用いられる点も確認しましょう。例えば、... of great importance(非常に重要な…)、... of major significance(かなり重要な…) のように用います。

2

A crucial element (etc.)... 極めて重要な要素…

ある物事がなにかの中心要素であるため、重要性が非常に高く、無視できないことを示しています。crucial の類義語には、vital(極めて重要な；不可欠の)、critical(重大な；決定的な)、key(重要な；必須の) などが含まれます。

3

An essential component (etc.)... 必須要素…

「必須である」 の一般的な類語には indispensable(不可欠な) があります。

4

... of paramount importance in〜 〜において最重要の…

paramountという形容詞は、なにかが考え得るもっとも高い重要性を持っていることを示します。類義語にはprime（もっとも重要な）があります。

5

An invaluable contribution (etc.)... 極めて貴重な貢献…

invaluableの接頭辞in-には注意。これは「価値がない」ではなく、あまりにも重要なため、「価値が計り知れない」という意味です。

6

An unimportant point (etc.)... 重要でない点…

unimportantの類義語はinsignificant（取るに足りない）です。これらの形容詞も名詞形を用いて ... of little/no importance（ほとんど／まったく重要ではない…）、... of little/no significance（ほとんど／まったく取るに足らない…）のようにも表現できます。

7

A trivial factor (etc.)... 取るに足らない要素…

trivialの類義語にはinconsequential（重要でない；取るに足りない）、negligible（無視できるほどの；取るに足りない）などがあります。これらの語は、重要性があまりにも低いので、問題なく無視できるときに使います。

8

An irrelevant argument (etc.)... 関連のない／的外れな議論…

議論においてなにかがまったく関係のないことを示す言い方です。類義語にはimmaterial（関連のない；無関係な）があります。

9

An inessential factor (etc.)... 不可欠でない／重要でない要素…

なにかが不必要であることを示唆する表現です。unessentialも同じ意味です。

10

... of no/little account in〜

〜においてまったく／ほとんど取るに足らない…

名詞を用いた表現。重要でなく、検討してみる価値もないことを示します。

2 · Fill-in-the-Blank Training

1　会社のよくない財務業績を、為替相場の変動のせいにするのは的外れな議論です。

_____ our poor financial performance on exchange rate fluctuations is an _____ _____.

2　成功を収める経営の必須要素は、もしそれがもはや有益でないならば、過去の慣例の奴隷にならないことです。

An _____ element _____ successful management is not to be a _____ to past practices if they are no longer useful.

3　二酸化炭素排出量の削減は、新たな経営5カ年計画の重要な側面です。

_____ our carbon footprint is an _____ facet _____ the new five-year management initiative.

4　ふたつの供給業者のコストの違いは取るに足らないものですから、どちらを選ぶことにしても問題ではありません。

The _____ in cost between the two suppliers is _____, so it doesn't _____ which one we decide to go with.

5　クリアで明快なコミュニケーションは、そのような大組織をスムーズに運営する上での最重要要素です。

Clear and unambiguous communication is a _____ _____ in the smooth running of such a large _____.

6　全体像を考慮すれば、2年間の低収益性はほとんど重要ではありません。

If we consider the big _____, two years of negative profitability is _____ _____ significance.

7　ジョンの専門分野は会計ですから、製品デザインに関して彼の意見はほとんど取るに足らないものです。

John's expertise is in accounting, so his _____ is _____ _____ account when it comes to product design.

8　素早く変化する今日のビジネス環境においては、すばらしい人的資源を育成することが最重要です。

Developing outstanding human resources _____ _____ paramount _____ in today's rapidly changing business environment.

9　会社の成功の極めて重要な決定因子は、代替エネルギー市場において、いかにうまくわれわれのポジションを活用できるかです。

A crucial _____ _____ our success is _____ well we can leverage our position in the alternative energy market.

10 取締役会で会長が言ったことは、求められている即座の改変とは無関係です。

_____ the chairman said at the board meeting is _____ ____
the immediate changes that are required.

11 コスト予測のミスは厄介かもしれませんが、より広い観点から見れば取るに足らないものです。

The mistake in our cost projections may be embarrassing, but _____
a _____ perspective, ____ is inconsequential.

12 総収益目標を達成することは、困難な数年のあとで会社を安定させるのに重大な要因でした。

_____ our revenue targets was a critical _____ in
_____ the company after a few difficult years.

HINTS

❶blame A on B「AをBのせいにする」, financial performance「財務業績」❸carbon footprint「二酸化炭素排出量」, facet「面；様相」, initiative「新構想；新規計画」❺unambiguous「明快な」❻profitability「収益性」❼expertise「専門知識；技術」❾leverage「活用する」❿chairman「会長」⓫projections「見積もり；予測」⓬revenue「総収益」

> ### Answers —— DL-42

1. **Blaming** our poor financial performance on exchange rate fluctuations is an **irrelevant argument**.

2. An **essential** element **of** successful management is not to be a **slave** to past practices if they are no longer useful.

3. **Reducing** our carbon footprint is an **important** facet **of** the new five-year management initiative.

4. The **difference** in cost between the two suppliers is **negligible**, so it doesn't **matter** which one we decide to go with.

5. Clear and unambiguous communication is a **prime factor** in the smooth running of such a large **organization**.

6. If we consider the big **picture**, two years of negative profitability is **of little** significance.

7. John's expertise is in accounting, so his **opinion** is **of little** account when it comes to product design.

8. Developing outstanding human resources **is of** paramount **importance** in today's rapidly changing business environment.

9. A crucial **determinant of** our success is **how** well we can leverage our position in the alternative energy market.

10. **What** the chairman said at the board meeting is **immaterial to** the immediate changes that are required.

11. The mistake in our cost projections may be embarrassing, but **from** a **wider** perspective, **it** is inconsequential.

12. **Achieving** our revenue targets was a critical **factor** in **stabilizing** the company after a few difficult years.

第2章 ― こなれた表現24 ― No.42

実現可能性／困難性

1・Check the Phrases

アイデアや計画などが実現可能か実現不可能かについて話すときに便利な形容詞やフレーズを紹介していきます。

❶

a feasible idea 実現可能なアイデア

置き換え | ● feasible → practical,attainable,realistic,achievable,viable、doable（行うことができる）など

❷

an unfeasible plan 実現不可能な計画

置き換え | ● unfeasible → impractical,unrealistic,unattainable,unachievable,
unviable

❸

within our reach 実現可能な；手の届く

これも実現可能性を表す一般的な表現です。within our grasp（実現可能な；掌中にある）も同じ場面で使えます。

❹

out of our reach 実現できない；手の届かない

こちらは実現不可能なことを表現するときの一般的な表現です。out of/beyond our grasp（実現できない；手が出ない）も同じ意味合いで用いられます。

❺

within the realm of possibility 可能な範囲内に；あり得る；可能で

これは実現可能性を述べるときのややフォーマルな言い回しです。possibility（可能性）を achievability（達成可能性）に変えても構いません。

6

beyond/outside the realm of possibility 実現可能でない；不可能な

こちらは実現が不可能であることを述べるときのややフォーマルな言い回しです。possibility（可能性）を achievability（達成可能性）で置き換えることができます。

7

It's in the bag. 確実だよ；確実に成功するよ

成功が確実であることを表現するイディオム表現です。

| 類似表現 | • **in the cards**（起こりそうな）、**on the horizon**（起こりそうな；兆しが見えて） |

8

That's a tall order. それは無理難題／難しい注文だよ

確実にできないというわけではないけれども、成功しそうにない物事について話す場面で使います。

| 類似表現 | • **That's a bit of a stretch.**（それは無理がある） |

9

pie in the sky 実現性のないもの；絵に描いた餅

これは成功の見込みが「純粋な空想だ」と言いたい場面で使います。

| 類似表現 | • **building castles in the air**（実現性のないもの；空に城を築くこと） |

10

That's dead in the water. もう終わっているね

なにかのアイデアなどがすでに失敗していて、努力を続ける意味がないと相手に伝えるときに使います。

| 類似表現 | • **That's gone up in smoke.**（失敗だね；煙のようにはかなく消えたね） |

11

That's a wild goose chase. 無駄な努力だよ；無駄骨だよ

明らかに達成できない目標を追い求めることで相手が無駄な努力をしていると伝える言い回し。

1 世界の物流産業はまだ通常の状態に戻っていないので、いま現在のわが社の注文のすべてを時間どおりに満たすというのは難しい注文ですよ。

The global logistics industry has yet _____ return to normal, so fulfilling all of our current orders _____ time is a _____ order.

2 新モデルを来年の7月までに市場展開することは可能だと考えて差し支えないと思います。

I think we can assume that _____ feasible _____ roll _____ the new model by July next year.

3 いくら懸命に働いても、この会社で幹部レベルに昇格する公算はなさそうです。

No _____ how hard I work, the prospect of rising to executive level in this company seems _____ _____ reach.

4 より少ない人数のスタッフで同じレベルの業績を達成できると提案するのは非現実的です。

_____ impractical _____ suggest that we can achieve the same level of performance with _____ staff.

5 スキャンダルのニュースが公表されたのだから、あの会社とのビジネスのタイアップの提案は終わっていると思います。

Since the news of the scandal hit, I think the _____ for a business tie-up with that company is _____ in the _____.

6 半導体市場の圧倒的なシェアを獲得することは、間違いなく可能です。

Acquiring a dominant _____ of the semiconductor market is definitely _____ the _____ of achievability.

7 プリンターの新モデルは大ベストセラーになりそうだと思います。

I believe that it's _____ _____ cards that the new printer model will be a runaway _____.

8 新しい売り上げ目標は見ましたか？ まったく正直に言って、達成は不可能だと思います。

Have you seen the new _____ _____? Quite honestly, I think _____ unattainable.

9 市場の劇的な変化を考慮すると、今年黒字に戻すのは不可能ですよ。

Given the _____ changes in the market, getting back into the black this year is _____ the _____ of possibility.

10 アジア市場での機会を求めて時間と資金を無駄にするのはやめるべきだと思います。無駄骨ですよ。

I think we should stop _____ time and money looking for opportunities in the Asian market. It's just a _____ goose _____.

11 すぐにも金利が低下するという考えは絵に描いた餅ですよ。要するに、そうはなりません。

The idea that interest rates will fall any _____ soon is _____ in the _____. Quite simply, it's not going to happen.

12 オンラインビジネスの拡大が財政的に可能かどうか調査する必要があります。

We need to investigate whether _____ our online business _____ _____ viable.

HINTS ❶logistics industry「物流産業」❷assume「(明確な証拠なしに)確かだと思う；想定する」❸executive「幹部；重役」❹performance「業績；実績」❺tie-up「提携；タイアップ」❻semiconductor「半導体」❼runaway「楽勝の；大勝の」❾black「黒字」⓫interest rate「金利」

Answers —— DL-43

1. The global logistics industry has yet **to** return to normal, so fulfilling all of our current orders **on** time is a **tall** order.

2. I think we can assume that **it's** feasible **to roll out** the new model by July next year.

3. No **matter** how hard I work, the prospect of rising to executive level in this company seems **out of** reach.

4. **It's** impractical **to** suggest that we can achieve the same level of performance with **fewer** staff.

5. Since the news of the scandal hit, I think the **proposal** for a business tie-up with that company is **dead** in the **water**.

6. Acquiring a dominant **share** of the semiconductor market is definitely **within** the **realm** of achievability.

7. I believe that it's **in the** cards that the new printer model will be a runaway **bestseller**.

8. Have you seen the new **sales targets**? Quite honestly, I think **they're** unattainable.

9. Given the **drastic** changes in the market, getting back into the black this year is **beyond** the **realm** of possibility.

10. I think we should stop **wasting** time and money looking for opportunities in the Asian market. It's just a **wild** goose **chase**.

11. The idea that interest rates will fall any **time** soon is **pie** in the **sky**. Quite simply, it's not going to happen.

12. We need to investigate whether **expanding** our online business **is financially** viable.

Talking About Goals and Targets

ゴールや目標について話す

1・Check the Phrases

ゴールや目標について話すときには、特定のボキャブラリーが頻繁に用いられます。この特定のボキャブラリーは3つのカテゴリーに分けられます。

カテゴリー①：このテーマに結びついている基本的な名詞群で、goal（ゴール；目標）、aim（目的；狙い）、target（目標；的）、objective（目的；目標）、ambition（願望；夢；望みのもの；野心；意欲）、aspiration（熱望；強い願望）、hope（望み；期待；見込み）など。これらはよく入れ換えて使われますが、いくつかの語は独自のはっきりとした意味合いがあります。

カテゴリー②：ゴールや目的を達成しようとするときに行われる行動を描写する動詞（＋αの語）群で、work toward...（…に向かって働く）、strive（努力する；奮闘する；励む）、pursue（追求する；従事する）、aspire to...（…することを切望する）、persevere（頑張り通す；やり抜く）など。

カテゴリー③：成功裏の行動を表現する動詞群で、achieve（達成する；獲得する）、accomplish（成し遂げる；成就する）、realize（実現する）、succeed（成功する）、reach（達する；到達する）など。

1

My aim is to... 私の目標／狙いは…です

目標を表現するときのもっともシンプルな表現。aim は達成したい大まかな目標や目的などに言及する語で、通常は特定の期間などを詳しく指定しません。

2

My goal is to... 私の目標は…することです

goal のかなり近い類義語は target（目標）や objective（目的；目標）です。3語とも特定の時期に達成するように意図した結果・成果に言及します。また3語はいずれも、より細かなステップ（ビジネスでは milestone「（プロジェクトなどの）中間目標地点」と呼ぶ）に分類できることがしばしばです。しかし、goal は3語の中ではもっとも一般的で個人的な目標を指すことが多く、target や objective は、専門的な会話や組織の計画などで使われることが多い語です。

186

3

My ambition is to... 私の野望は…することです

ambition は先述の❶❷の表現群ほど特定の達成目標に焦点を絞り込まない語です。ambition は通常、仕事であれ個人の人生であれ、そこで成功を達成するという強い願望を表現します。かなり近いニュアンスを持つ類義語にはaspiration（強い願望；熱望）があります。

4

In ten years' time, I see myself...
10年後、私は…していることでしょう

目標について考えるときには、自分の将来の成功や目標の実現をヴィジュアル化して眺めることがあります。そういった場面で使える表現です。

5

I'm working toward... 私は…に向かって働いています

これは目標達成に向かって行動していることを述べる**シンプルな言い回し**です。よりフォーマル度の高い状況では、working toward... ではなく striving to...（…するために努力する）、persevering in my attempt to...（…しようとして頑張り通す）などを使うのがいいでしょう。

6

I've achieved my goal of... …という目標を達成しました

achieve（達成する）は、目標を成功裏に達成したことを表現できる語です。かなりニュアンスの近い単語には、accomplish（成し遂げる；成就する）や reach（達する；到達する）があります。

1 わが社の目標は来年末までに電動工具市場の30％以上を獲得することです。

Our objective is _____ capture _____ than 30 percent of the power tool market by the _____ of next year.

2 私の人生でもっとも幸福な日は、これまでにこの会社が有したもっとも若いCEOになるという自分の野望に気づいたときでした。

The happiest day of my life was _____ I realized my _____ _____ become the youngest CEO this company has ever had.

3 この組織では自分の将来が見えませんので、私の狙いはできるだけ早期に新しい仕事を見つけることです。

I see no _____ for myself in this organization, so my _____ is to find a new job as _____ as I can.

4 わが社では、政府の新基準に合わせるために、排出量を削減する試みに弛まぬ努力を行っています。

We're _____ in our _____ to cut our emissions to meet the new government _____.

5 若い頃には、世界的に有名な発明家になることを熱望していましたが、私の夢はあまりにも野心的でした。

When I was young, I _____ _____ to become a world-famous inventor, but my dreams were _____ ambitious.

6 わが社の創設者は、彼が会社をスタートしたときに着手したすべてのことを達成した無類の人でした。

Our founder was unique in _____ everything he set _____ _____ do when he started the company.

7 私の目標は来年のニューヨークマラソンの出場権を取ることなので、懸命にトレーニングしています。

I'm training hard _____ _____ goal is _____ qualify for next year's New York Marathon.

8 彼女の野望は、彼女を見習いIT分野の革新者になるように、より多くの女性を励ますことです。

Her _____ _____ to encourage more women to follow her _____ and become innovators in the IT field.

9 5年後、ダンは海外の大規模建設プロジェクトを監督していることでしょう。

In five _____ time, Dan _____ himself _____ a major overseas construction project.

10 第3四半期の数字は、わが社が今年度末までに財政目標を上回りそうであることを示しています。

The _____ figures show that we are _____ to surpass our financial _____ by the end of this fiscal year.

11 スティーヴ・ジョブズは、コンピュータを新しいライフスタイルを定義する消費財に変えるという目標を達成しました。

Steve Jobs _____ his _____ of turning computers _____ consumer goods that defined a new lifestyle.

12 毎月、売り上げ目標を達成するために努力していますが、不景気の中で成し遂げるのは難しいのです。

I've _____ _____ to reach my sales targets every month, but _____ hard to do in a recession.

HINTS

❶power tool「電動工具」❸organization「組織」❹emission「排出量」❺inventor「発明家」❻unique「無比の；すばらしい」❼qualify for...「…の資格を得る」⓫consumer goods「消費財」⓬recession「景気後退；不況」

Answers —— DL-44

1. Our objective is **to** capture **more** than 30 percent of the power tool market by the **end** of next year.

2. The happiest day of my life was **when** I realized my **ambition to** become the youngest CEO this company has ever had.

3. I see no **future** for myself in this organization, so my **aim** is to find a new job as **soon** as I can.

4. We're **persevering** in our **attempts** to cut our emissions to meet the new government **standards**.

5. When I was young, I **had aspirations** to become a world-famous inventor, but my dreams were **too** ambitious.

6. Our founder was unique in **achieving** everything he set **out to** do when he started the company.

7. I'm training hard **because my** goal is **to** qualify for next year's New York Marathon.

8. Her **ambition is** to encourage more women to follow her **example** and become innovators in the IT field.

9. In five **years'** time, Dan **sees** himself **managing** a major overseas construction project.

10. The **third-quarter** figures show that we are **likely** to surpass our financial **targets** by the end of this fiscal year.

11. Steve Jobs **accomplished** his **goal** of turning computers **into** consumer goods that defined a new lifestyle.

12. I've **been striving** to reach my sales targets every month, but **it's** hard to do in a recession.

第2章 ── こなれた表現24 ── No.44

45 Compromise

妥協する

1・Check the Phrases

交渉を成功裏に終えるためには、双方が譲歩や妥協を通して、互いの要求を変えることを進んで行えるかどうかにかかっています。

❶

find middle ground 妥協点を見つける

妥協には必須の表現。arrive at a midpoint, meet in the middle, meet halfway なども同様の意味で用いられます。

❷

a process of give and take 歩み寄りの過程

妥協の試みの鍵となる戦略を表現しています。両方の陣営は合意に達するために譲歩を行わなければなりません。

❸

make a trade-off 取引する；妥協する

ほかの部分で利益を得るために、自分の元の要求を取り下げたり緩くしたりすることを表現しています。よりフォーマルな言い方に、reciprocal concessions（相互の譲歩；歩み寄り）があります。

❹

make mutual concessions 相互に歩み寄る

make a concession は「譲歩する」あるいは「諦める」という意味。しかし、見返りとしてなにかを得ることなくなにかを諦めたと感じることを好む人はどこにもいませんから、譲歩のプロセスには両サイドが参加しているべきなのです。mutual の代わりに、❸で紹介した reciprocal を使っても OK です。

5

strike a balance バランスを取る；うまく両立させる

双方の利益を考慮に入れ、全員が交渉に満足を感じるような解決に到達することの重要性に言及している表現。

6

bridge the gap ギャップを埋める

どのような交渉事でも、双方の要求にはギャップが付きものです。妥協の過程はこのギャップを超えて双方をなんとか結びつけようとする試みなのです。よく似た表現としては bridge the divide（溝を埋める）もあります。

7

a mutually beneficial solution 互恵的な解決[策]

「どちらにも利益のある結果をもたらす合意」を意味する表現です。

8

a win-win outcome 双方が満足できる結果

どのような交渉でも重要なことは、双方の陣営がともに自らの利益を守り保護したと感じることです。その意味で私たちは交渉をスポーツ競技のように明らかな勝者と敗者が存在するものと考えるべきではありません。むしろ、双方がある意味で勝利したと感じるものであることが、理想的な交渉結果なのです。

9

a non-zero-sum game ノンゼロサム／非ゼロサムゲーム

zero-sum game（ゼロサムゲーム）は片方の利益が他方の損失によって生じるという考え方です。言い換えれば、利益と損失はバランスが取れていて結果的に全体ではプラスマイナスでゼロになるということです。妥協点を見出す努力はゼロサムゲームを非ゼロサムゲームに変えるのに役立つ場合があり、そこでは双方が勝者であり得る状況が生まれます。

1 私たちが望んでいるものを主張することと、相手を交渉のテーブルから離れさせないこととの間でバランスを取らなければなりません。

We have to _____ a _____ between insisting on what we want and not _____ the other side away from the negotiating table.

2 あなたの要求していることはあまりにも一方的です。合意に至るためには、私たち全員が相互に歩み寄ろうとしなければなりません。

What you are asking is too one-sided. We all have to be _____ to _____ reciprocal concessions to arrive _____ a settlement.

3 すぐにも妥協点を見つけることに成功しないのなら、この協議の成功の可能性は見えませんよ。

If we can't _____ in finding _____ ground soon, I don't see a _____ for these talks.

4 いま、われわれが遠く隔たっているように思えるのはわかっていますが、もしすべての選択肢を徹底的に調べれば、妥協点を見つけられると思います。

I know that we seem _____ apart right now, but I believe that if we investigate all _____, we can meet _____.

5 取締役会は交渉の結論を双方が満足できる結果だと見なしていますが、すべての株主が同意するかはわかりません。

The board sees the _____ of the negotiations as a _____ _____, but I'm not sure all the shareholders will agree.

6 これまで私たちが行った相互の歩み寄りが、この取引を今月末までに締め括られるだろうという強い確信を私に与えてくれています。

The _____ concessions we have made so _____ give me great _____ that we can wrap up this deal by the end of the month.

7 要求において、そんなに極端になることはできません。妥協に至りたいのなら、いくらか取引材料を用意しておかねばなりません。

We can't be so extreme in our _____. We have to be prepared to make some _____ if we want to _____ a compromise.

8 交渉をゼロサムゲームのように扱ってはいけません。こちらから譲歩を勝ち取ったという気持ちを、相手方に与えるような方法を探らねばなりません。

We cannot treat the talks as a _____ game. We must explore ways to give the other side the _____ that they have _____ a concession from us.

9 歩み寄りの過程へ双方が献身的に取り組んだからこそ、議論を迅速かつ成功裏に導くことができました。

It was the _____ of both sides to a process of _____ and

_____ that helped bring the discussion to a prompt and successful conclusion.

10 全員が誠意を持って交渉すれば、すぐに相互に利益のある、この問題への解決に至ることができると確信しています。

If we all negotiate in good _____, I'm _____ that we can soon arrive at a mutually _____ solution to this issue.

11 相手方が要求についてあまりにも妥協しないときに、妥協点を見つけることは非常に困難です。

It is very hard to _____ in the _____ when the other party is so uncompromising _____ its demands.

12 双方のギャップを埋める手助けに、プロの仲介役に参加してもらう必要があると思います。

I think we need to bring _____ a professional mediator to help _____ the gap _____ the two sides.

HINTS ❷one-sided「一方的な；偏った；不公平な」❺shareholder「株主」❻wrap up「完成させる；締めくくる」❾prompt「迅速な」⓬mediator「仲介者；調停役」

Answers —— DL-45

1. We have to **strike** a **balance** between insisting on what we want and not **driving** the other side away from the negotiating table.
2. What you are asking is too one-sided. We all have to be **willing** to **make** reciprocal concessions to arrive **at** a settlement.
3. If we can't **succeed** in finding **middle** ground soon, I don't see a **future** for these talks.
4. I know that we seem **far** apart right now, but I believe that if we investigate all **options**, we can meet **halfway**.
5. The board sees the **conclusion** of the negotiations as a **win-win outcome**, but I'm not sure all the shareholders will agree.
6. The **mutual** concessions we have made so **far** give me great **confidence** that we can wrap up this deal by the end of the month.
7. We can't be so extreme in our **demands**. We have to be prepared to make some **trade-offs** if we want to **reach** a compromise.
8. We cannot treat the talks as a **zero-sum** game. We must explore ways to give the other side the **feeling** that they have **won** a concession from us.
9. It was the **commitment** of both sides to a process of **give** and **take** that helped bring the discussion to a prompt and successful conclusion.
10. If we all negotiate in good **faith**, I'm **convinced** that we can soon arrive at a mutually **beneficial** solution to this issue.
11. It is very hard to **meet** in the **middle** when the other party is so uncompromising **in** its demands.
12. I think we need to bring **in** a professional mediator to help **bridge** the gap **between** the two sides.

46

Expressing Uncertainty, Guessing

不確実性／推測を表現する

1・Check the Phrases

日常生活の中では、自分があまりよく知らないこと、あるいはまったく知らない状況に関して質問されることや、評価を求められることもあります。十分なデータを持ち合わせていないとき、完全に正確な返答ができるかどうか不確かであることをはっきりさせておく必要があります。その事柄について完全に沈黙するのではなく、答えを推測しながら返事をするのが一般的です。したがって、不確実性を述べる表現のあとには、可能性のある答えを推測していることを示す表現がよく置かれます。

❶

I don't know. 知らない；わからない

不確実性を表す**もっともシンプルな表現**ですが、特定の状況では、**やや唐突でぶしつけな響き**にもなります。really を付加して語調を弱められますが、置く場所によって意味が変わります。I don't really know.（ほんとうにわからないんです）は丁寧な響きになりますが、一方で、I really don't know.（ほんとうに知らないんだってば）は強固に自分が知らないと言い張るニュアンスです。

類似表現
- **I'm not sure.**（さあ；わからない）
- **I'm not certain.**（さあ；はっきりわからない）
※これらの表現でも really を同様に使うことが可能です。

❷

I have no idea. まったくわからないよ

❶ よりも**わずかに強い響きの言い回し**です。強調表現を加えて、I have absolutely no idea.（完全にわからない）あるいは、I don't have the slightest/faintest/foggiest idea.（少しもわからない）などとすると語調を強められます。

類似表現
- **I don't have a clue.**（わからないよ）
- **I don't have the first clue.**（さっぱりわからない）※さらに強い

❸

It's hard to say/judge. なんとも言えないねぇ；判断しづらいねぇ

いくぶん柔らかめに不確実さを伝える言い方です。hard の代わりに difficult（難しい）、tricky（扱いにくい）を使っても OK です。

4

It's anyone's guess. だれにもわからないよ

正確な判断を下すには、状況が混乱し過ぎていることをこの表現で伝えられます。

<table>
<tr><td rowspan="3">類似表現</td><td>● There's no telling.（なんとも言えないねえ；わからないねえ）</td></tr>
<tr><td>● The situation is fluid.（状況は流動的だね）</td></tr>
<tr><td>● It's up in the air.（はっきりしないねえ）※ up in the air「漠然としている」</td></tr>
</table>

5

Perhaps. おそらく；多分

perhaps や maybe を使うともっともシンプルに推測を示すことができます。

6

I would say that... …かなぁ

仮定法で、自分が述べることに完全な確証を持っていないことを伝えられます。

<table>
<tr><td>類似表現</td><td>● It could be that...（…かもねえ）</td></tr>
</table>

7

I'm guessing that... …と推測しています

推測する場面でよく用いられる表現です。

<table>
<tr><td rowspan="4">類似表現</td><td>● I have a feeling that...（…な気がする）</td></tr>
<tr><td>● My suspicion is that...（…と疑っている）</td></tr>
<tr><td>● My best guess is that...（もっともありそうな推測は…だ）</td></tr>
<tr><td>● Chances are that...（…の可能性が高い）</td></tr>
</table>

8

It seems likely that... …はありそうですね

一般的にフォーマル度がより高めのシーンで用いられる言い方です。likely の代わりに probable もよく使います。

<table>
<tr><td>類似表現</td><td>● in all likelihood/probability（かなり可能性が高い；まず間違いなく；十中八九）</td></tr>
</table>

1 だれが COO の地位に就くのかはだれにもわからないね。取締役会はどちらの候補者にしても満足ではないって気がするね。

_____ anyone's _____ who will get the COO position. I have a _____ that the board isn't really happy with either of the candidates.

2 会社がいつ黒字に戻るのかはっきりと答えを出すのはとても難しいです。多分、第3四半期には一度好転するでしょう。

It's _____ tricky _____ give a definite answer to _____ we'll return to profitability. Maybe there'll be an upturn in the third quarter.

3 決定がいつなされるのか私にはほんとうにわからないんです。おそらく来年まではないでしょう。

I don't _____ know when the decision _____ be made. Perhaps _____ until next year.

4 マーケティング部長が辞任した理由に関しては完全になにもわからないんです。ほかの会社のよりよい地位にリクルートされたんじゃないかと推測しているんです。

I have _____ _____ idea why the marketing director resigned. I'm _____ that he's been recruited for a better position at another company.

5 建設スケジュールに関する状況ははっきりしていません。おそらく、プロジェクト全体がキャンセルになって終わるでしょう。

The situation as regards the construction schedule is _____ in the _____. Maybe the whole project will end up _____ cancelled.

6 CEO がどのくらい彼の地位に残るか、はっきりとはわからないなあ。月末までに辞任することだってあるかもねぇ。

I'm not certain _____ long the CEO will remain in his post. It _____ be _____ he'll resign by the end of the month.

7 交渉がどちらの方向に進むのかは判断し難いね。この契約を獲得するには大きな譲歩をしなければならないだろうというのが、もっとも推測できることです。

It's difficult to tell which way the negotiations will go. _____ _____ guess is _____ we'll have to make big concessions to land this contract.

8 契約交渉は現在非常に流動化しています。すぐに合意に至りそうにはありません。

The contract negotiations are very fluid right now. _____ seems _____ that we'll come to an _____ any time soon.

9 今年の会社のボーナスがどのくらいよくなるかは、なんとも言えないね。昨年よりも低くなる可能性は高いよ。

It's _____ to say how good our bonuses will be this year. _____
are that they will be _____ than last year.

10 新たな経営計画がうまく行くかどうか、まったくもってわかりません。野心的すぎるのかなと思います。

I have _____ _____ idea whether the new management plan is
going to work out. I _____ say that it's too ambitious.

11 この不景気がいつまで続くのかは、だれにもわからないよ。まず間違いなく、再来年まではわれわれに影響を及ぼすだろうね。

_____ _____ telling how long this recession will last. In _____
likelihood, it will still be affecting us till the year after next.

12 交渉失敗の理由はさっぱりわかりません。競合企業に値下げされたのだろうと疑っています。

I don't have a _____ why the deal fell through. My _____ is
that we're being undercut by a _____.

HINTS ❶candidate「候補者」❷return to profitability「黒字に戻る」❼concession「譲歩」, land「(契約を)取りつける;手に入れる」❽fluid「流動化した;不安定な」❿ambitious「野心的な;大がかりな」⓫year after next「再来年」⓬fall through「失敗に終わる」, undercut「競争相手より安く売る」

Answers —— DL-46

1. **It's** anyone's **guess** who will get the COO position. I have a **feeling** that the board isn't really happy with either of the candidates.
2. It's **very** tricky **to** give a definite answer to **when** we'll return to profitability. Maybe there'll be an upturn in the third quarter.
3. I don't **really** know when the decision **will** be made. Perhaps **not** until next year.
4. I have **absolutely no** idea why the marketing director resigned. I'm **guessing** that he's been recruited for a better position at another company.
5. The situation as regards the construction schedule is **up** in the **air**. Maybe the whole project will end up **getting** cancelled.
6. I'm not certain **how** long the CEO will remain in his post. It **could** be **that** he'll resign by the end of the month.
7. It's difficult to tell which way the negotiations will go. **My best** guess is **that** we'll have to make big concessions to land this contract.
8. The contract negotiations are very fluid right now. **It** seems **unlikely** that we'll come to an **agreement** any time soon.
9. It's **hard** to say how good our bonuses will be this year. **Chances** are that they will be **lower** than last year.
10. I have **absolutely no** idea whether the new management plan is going to work out. I **would** say that it's too ambitious.
11. **There's no** telling how long this recession will last. In **all** likelihood, it will still be affecting us till the year after next.
12. I don't have a **clue** why the deal fell through. My **suspicion** is that we're being undercut by a **competitor**.

第2章 — こなれた表現24 — No.46

197

47

Expressing Degrees of Certainty

確信の度合いを示す

1・Check the Phrases

なにかの質問に答える場面や特定の状況に関する評価を行う場面では、私たちの答えは多様な確信の度合いを含む可能性があります。まったくなにも知らないこともあれば、自分が正確な知識を持っていると100%確信している場合もあります。0%から100%まで、確信の度合いを微調整しながら表現できる様々な言い回しを覚えましょう。

①

I have (absolutely) no idea. ［まったく］なにもわかりません ＜0％＞

完全な不確実性や無知を表現する言い回しです。

類似
表現
● **I don't have a clue.**（さっぱりわからない）
● **I really don't know.**（ほんとうになにもわからない）

②

I'm not sure/certain. はっきりはわかりません ＜10％−20％＞

シンプルですが、確実性が低いことを示したいときに特に役立つ表現。必要な情報は持っているかもしれないけれど、その中身が完全に確実なものかどうか自信が持てない場面で用いられます。not の後ろに entirely, really, absolutely, totally などの副詞を加えるのもとても一般的です。

③

I think that... …だと思います ＜50％＞

平均的なレベルの確実性を示すことができるシンプルな表現。

類似
表現
● **It's possible that...**（…はあり得ますね）

④

I'm reasonably sure/certain that...

まあ…だと確信しています ＜60％−70％＞

合理的で無理のないレベルの確実性を示す表現ですが、一部の疑念を残している印象です。I'm pretty sure/certain...（…をけっこう確信しています）、I'm fairly sure/certain...（…をかなり確信しています）なども同程度の確実性を表現できます。

5

It's probable that... …は、かなりありそうです ＜70％－80％＞

かなり強めの確信を示します。副詞の probably（おそらく）や形容詞の likely（…しそうな）なども同様の効果を生み出す語です。表現を強めたい場合は、highly や extremely などの副詞を加えて、It's highly/extremely likely/probable that...（…はかなり確実です）としましょう。

6

I'm almost certain that...

…だと、ほぼ確信しています ＜80％－90％＞

自分が正しいことに関して、**かなりの確信があることを示す言い方**です。almost の代わりに virtually（ほぼ；ほとんど）を、certain の代わりに positive（確信している；自信のある）を用いることもよくあります。

7

I'm positive that... …と確信しています ＜100％＞

強い確信の気持ちを表現する言い回しです。quite（まったく）や absolutely（まったく；絶対に）などの副詞で、さらに強い響きになります。positive の代わりに、sure や certain などでも OK。

8

There's no doubt in my mind that...

…ということに、疑問の余地はありません ＜100％＞

❼よりも少々強めに確信を示すことができます。

類似表現
- **I'm convinced that...**（…だと確信しています）
- **I'm absolutely confident that...**（…には絶対の自信があります）
- **Without a doubt, ...**（間違いなく…）
- **Beyond a shadow of a doubt, ...**（なんの疑いもなく…）
- **There are no two ways about it that...**（…には疑問の余地はありません）

1 会社の業務に徹底的にAIを組み込むことで、大幅なコストの節約ができると、完全に確信しています。

I'm _____ convinced _____ we could make major cost savings by comprehensively _____ AI into our business functions.

2 この不安定な市場において、会社の新しい販売戦略が理想的であると完全に確信しているわけではありません。

I'm _____ entirely _____ that our new sales strategy is _____ in this volatile market.

3 マーケティングチームの際立った活躍が前会計年度の会社の成功の根幹となったことには、まったく疑いの余地はありません。

There's no _____ in my _____ that the stellar performance of our marketing team was the backbone of our success in the last _____ year.

4 新しいパッケージが製品をより目立たせ、より効率的に消費者の目を集めることを、かなり確信しています。

I'm _____ sure that our new packaging will make the products stand _____ more and catch the eye of consumers more _____.

5 あなたが私にCEOの地位を提供してくれたら、世界市場のリーダーになる会社を創立することができると、非常に確信しています。

I'm _____ positive _____ I could establish the company as a global market leader if you _____ to offer me the position of CEO.

6 十分しっかりと調べれば、コストカットの方法はさらに見つかるだろうと、まあ確信しています。

I'm _____ sure that _____ we look hard enough, we can find _____ ways to cut costs.

7 なぜ供給業者が突然あれほど極端に価格を上げる決断をしたのか、私にはさっぱりわかりません。

I have _____ no _____ why the supplier suddenly _____ to increase its prices so steeply.

8 アジアでの戦略的提携に集中するという決断が、わが社を支配的な地位に押し上げたことには、なんの疑いもありません。

_____ a shadow of a _____, our decision to concentrate on _____ tie-ups in Asia has put the company in a commanding position.

9 もっと徹底的に調査を行えば、もっと安価に原料を仕入れることができると、ほぼ確信しています。

I'm _____ certain that we _____ source our raw materials at a lower price if we did more _____ research.

10 間違いなく、パンデミック以前のレベルの収益性に戻ろうとするなら、乗り越えるべき多くの障害が存在しています。

_____ a doubt, there are many obstacles to _____ if we are to return to _____ levels of profitability.

11 10年後までに、われわれが無人運転車の広範囲にわたる利用を行っているのは、かなり確実です。

It's _____ likely _____ we will be making extensive _____ of driverless vehicles by the end of this decade.

12 なぜコンピューターが突然止まったのか、さっぱりわかりません。

I haven't a _____ _____ the computer suddenly stopped _____ .

HINTS ❶comprehensively「徹底的に；包括的に」, incorporate「組み込む；組み入れる」❷volatile「不安定な」❸stellar「際立った；一流の」❼steeply「急激に」❽commanding「支配的な；強力な」❾source「仕入れる」❿profitability「収益性」⓫extensive「大規模な；広範囲にわたる」

1. I'm **absolutely** convinced **that** we could make major cost savings by comprehensively **incorporating** AI into our business functions.
2. I'm **not** entirely **certain** that our new sales strategy is **ideal** in this volatile market.
3. There's no **doubt** in my **mind** that the stellar performance of our marketing team was the backbone of our success in the last **fiscal** year.
4. I'm **fairly** sure that our new packaging will make the products stand **out** more and catch the eye of consumers more **effectively**.
5. I'm **quite** positive **that** I could establish the company as a global market leader if you **were** to offer me the position of CEO.
6. I'm **reasonably** sure that **if** we look hard enough, we can find **more** ways to cut costs.
7. I have **absolutely** no **idea** why the supplier suddenly **decided** to increase its prices so steeply.
8. **Beyond** a shadow of a **doubt**, our decision to concentrate on **strategic** tie-ups in Asia has put the company in a **commanding** position.
9. I'm **almost** certain that we **could** source our raw materials at a lower price if we did more **thorough** research.
10. **Without** a doubt, there are many obstacles to **overcome** if we are to return to **pre-pandemic** levels of profitability.
11. It's **highly** likely **that** we will be making extensive **use** of driverless vehicles by the end of this decade.
12. I haven't a **clue why** the computer suddenly stopped **working**.

第2章 —— こなれた表現24 —— No.47

48 Speaking Hypothetically

仮定して話す

1・Check the Phrases

現在や過去に実際に起こった物事に関して話す以外にも、想像力を働かせて代替案や代替のシナリオについて話すことがあります。別の言葉で言えば、これは「仮定して話す」ということです。多様な可能性や将来の出来事に関して考えたい場面で、私たちは仮定的な話し方をします。また、こういった話し方はなにかについて提案や推奨などを行うとき、あるいは自分の言葉を少し濁したい場面などでも便利に用いられます。

❶

If I were you, I would... 私があなただったら、…するだろう

助言や提言、推奨などを与えるとき、自分を相手の立場に置くのはとても一般的な表現法です。I was ではなく I were であることに注意。この were は仮定法です。

類似
表現
● **If I were in your shoes, ...**(もし私があなたの立場なら…)
● **If I were in your position, ...**(私があなたの立場にあるなら…)

❷

(Let's) Suppose that... …と仮定しよう［しましょう］

仮定的な状況を設定できる別のシンプルな表現です。

類似
表現
● **Imagine that...**(…と想像しよう)
● **Assume that...**(…と想定しよう)

❸

What if...? もし…だとしたら、どうでしょう?

類似
表現
● **How would it be if...?**(もし…なら、どうなるでしょう?)

4

If things were different, then... 状況が違っていたとしたら…

If I were you, ... と同様に、ifを用いて仮定を表しています。

類似表現
- **If we had the power to change things, ...**（私たちに状況を変える力があったら…）
- **If we had more money, ...**（私たちにもっとお金があったら…）
- **If it weren't so difficult, ...**（それほど難しくなかったら…）など

5

In a hypothetical scenario... 仮定のシナリオでは…

あからさまに仮定の話をしていることが伝わる表現。hypothetical（仮定的な）の代わりに、imaginary（想像上の；架空の）、alternative（代替の）などでもOKです。

6

Let's pretend (for a moment) that...

［ちょっと］…だと装ってみましょう

話している相手に対して、仮定的な状況を作ってみようと誘いかける言い回し。

置き換え
- **pretend → imagine**（想像する）、**suppose**（考える；思う）、**assume**（想定する；みなす）など

7

If you were to ask me... もしあなたがたずねるのなら…

相手との距離感を取りつつ、相手がなにかをたずねると仮定して、自分なりの意見を述べる表現。これに対して If you ask me...（私に言わせれば…；私なら…）を用いると、非常に直接的かつ、かなり無遠慮な響きになります。

8

I would have... …していただろうに

過去のことに関しても、結果が実際に起こったこととは違っていたかもしれないと想像しながら、仮定的な話をすることがあります。would のほかにも could, must, might, should などの助動詞を用いることができます。

1　私があなただったら、この経理上の不正をすぐに上司に報告するでしょう。

_____ I _____ you, I would report these accounting _____ to the boss immediately.

2　新しいCFOは期待どおりの働きをしていない。間違った人物を雇い入れてしまったのかもしれないね。

The new CFO is not _____ as well as we had hoped. I think we _____ _____ hired the wrong person.

3　来年、会社が必要なだけの新たなスタッフを雇用できると想定してみましょう。

_____ assume _____ we can hire as many new staff as we _____ next year.

4　去年、あのスタートアップ企業からの仕事のオファーを断っていなかったら、給与を倍にすることができただろうに。

I _____ have _____ my salary _____ I _____ not turned down the job offer from that startup company last year.

5　もしその請求書の支払いを次の会計年度まで遅らせることができるとしたらどうだろう？

What _____ we _____ delay _____ those invoices until next fiscal year?

6　仮のシナリオですが、幾らか資産を売却して、よりスリム化した企業になることはできます。

_____ a _____ scenario, we _____ sell off some of our assets and become a much leaner company.

7　材料がそれほど高価でなく、労働力が手薄でなければ、来年の年末までには新プラント（工場）を建設できるのだろうに。

_____ materials _____ so expensive and labor so scarce, we could _____ a new plant by the end of next year.

8　ちょっとの間、キャッシュフローの問題が解決し、より大規模な設備投資をスタートできると想像してみましょう。

Let's _____ for a moment _____ our cash flow problems were resolved and that we _____ start to make larger capital investments.

9　金利が下がり、お金をより安く借りられると考えてみよう。

_____ that interest rates _____ to come down so that it _____ be cheaper to borrow money.

10 状況が違っていたら、海外マーケットでパートナーを見つけるのに問題はないだろうに。

If things _____ _____, we would have no problem _____
partners in overseas markets.

11 私があなたの立場なら、この件で早まって辞職を考えることはしないだろう。

If I were _____ _____ shoes, I would _____ be so hasty in considering
resigning over this matter.

12 君がアドバイスを必要かどうかわからないけれども、もしあなたがたずねるのなら、私としては営業サイドのリストラを躊躇しないでしょう。

I'm not sure if you need advice, but if you _____ to ask me, I _____
not _____ to restructure the sales side of the business.

HINTS ❶accounting「経理」❷perform「行う；果す」❹startup company「新規立ち上げ企業」❺settle「決済する；払う」❻assets「資産」, lean「無駄がない」❼scarce「乏しい；少ない」❽capital investment「設備投資；資本投資」❾interest rates「金利」⓫hasty「せっかちな；軽率な」, resign「辞職する」⓬restructure「編成し直す」, sales side of the business「営業サイド」

Answers —— DL-48

1. **If** I **were** you, I would report these accounting **irregularities** to the boss immediately.
2. The new CFO is not **performing** as well as we had hoped. I think we **might have** hired the wrong person.
3. **Let's** assume **that** we can hire as many new staff as we **need** next year.
4. I **could** have **doubled** my salary **if** I **had** not turned down the job offer from that startup company last year.
5. What **if** we **could** delay **settling** those invoices until next fiscal year?
6. **In a hypothetical** scenario, we **could** sell off some of our assets and become a much leaner company.
7. **If** materials **weren't** so expensive and labor so scarce, we could **build** a new plant by the end of next year.
8. Let's **imagine** for a moment **that** our cash flow problems were resolved and that we **could** start to make larger capital investments.
9. **Suppose** that interest rates **were** to come down so that it **would** be cheaper to borrow money.
10. If things **were different**, we would have no problem **finding** partners in overseas markets.
11. If I were **in your** shoes, I would **not** be so hasty in considering resigning over this matter.
12. I'm not sure if you need advice, but if you **were** to ask me, I **would** not **hesitate** to restructure the sales side of the business.

必 要 性 と 義 務

1 • Check the Phrases

人生でやるべきことはたくさんあります。職務上の必要性や仕事の締め切りなど外部からのプレッシャーから、あるいは、外的要因ではなく社会的、道徳的義務として特定の行動を取らなければならない場合もあるでしょう。切り離して考えるのが難しい必要性と義務の両方を表現できる言葉が多様に存在します。

1

must/have to... …しなければならない

もっともシンプルかつ一般的に必要性・義務を表す言い方です。must と have to は通常置き換え可能ですが、厳密に言えば、**must は内的な義務感**に言及するもので、モチベーションは自分の内部から湧き出してくると考えられます。I must be more kind to other people.（私はもっと他人に親切にしなければならない）などはその例です。一方、**have to は外部から押しつけられた義務**に言及します。例えば、I have to pay my taxes by the end of the month.（私は月末までに税を支払わねばならない）は、その一例です。また、両表現の否定形はかなり意味が異なるため注意が必要です。must not は「してはいけない」と禁止を表します。You mustn't smoke inside the building.（建物の中ではタバコを吸ってはいけません）のように用います。対照的に do not have to は「義務の不在」の意味を持ち、Entry is free – you don't have to pay.（入場無料－支払う必要はありません）のように用いられます。

2

need to... …する必要がある

とても一般的でどのような場面でも利用できる、must や have to にとてもよく似た表現です。It's necessary for me to...（…する必要があります）や There's a need to...（…する必要がある）などは、ややフォーマル度の高い言い回しです。

③

should... …すべきだ

should と must を混同しないように注意しましょう。どちらも義務を表しますが、should のほうが弱く、なにかをしたほうがいいというアドバイス、なにかをするのはいいアイデアだと**勧めるようなニュアンス**で使います。例えば、上司はあなたに対して、You should arrive at work on time.（時間どおりに会社に来るべきです）とは決して言いません。それはルールであって提案ではないからです。ought to は完全に should と置き換えて使うことができるフレーズです。

④

had better... …したほうがよい［さもないと…］

これも should や ought to に非常によく似ていますが、直接的な類義語とは言えません。なぜなら、「なんらかの行動をやらない場合には、悪い結果がついてくる」という含みを持つ言い回しだからです。

⑤

It's important to... …することは重要だ

必要性はいろいろな形容詞を使うことでも表現することができます。important を vital（不可欠の；極めて重要な）や crucial（欠くことのできない；極めて重大な）などに変えれば、さらに強い響きになります。

⑥

I'm required to... …することを要求されている

よりフォーマル度の高い言い回しです。required（要求された）は obligated（義務がある）に置き換えることもできます。かなりフォーマルなシーンでは、It's incumbent upon me to...（…することは私の義務だ）、I'm bound to...（私には…する義務がある）といった表現を用いることもあります。

1 この会社の法律顧問のチーフとして、私にはみなさんに、どのような企業秘密でも外部に漏らすことはNDA違反に当たることを思い出させる義務があります。

As this company's chief legal counsel, it is _____ upon _____ to remind you that it is a _____ of your NDA to divulge any proprietary information to outside parties.

2 あなたは年次休暇の要求をすぐに提出すべきです。さもなければ、締め切りを逃してしまうかもしれませんよ。

You'd _____ _____ your request for annual leave soon, _____ you might miss the deadline.

3 配送車両用に取ってあるので、この場所に自動車を駐車してはいけません。

You _____ park your car in this spot _____ it's _____ for delivery vehicles.

4 従業員として、私たちは会社の行動規範に厳密に従うよう義務づけられています。

_____ employees, we are _____ to strictly _____ the company's code of conduct.

5 会社のルールによると、いかなるハラスメントの告発も、遅滞なく人事部に報告するよう要求されています。

According to the company rules, I'm _____ to _____ any accusations of harassment to the HR department without _____.

6 最近のデータ漏洩が、緊急にオンラインセキュリティープロトコルを強化する必要性の根拠となります。

The recent data _____ is evidence of an _____ _____ to tighten our online security protocols.

7 出張中は、すべての出費の詳細なリストを保存し、全領収書を保存しなければなりません。

When _____ a business trip, you _____ _____ keep a detailed list of all expenses and retain all receipts.

8 会社は月次の報告スケジュールに移行したので、もはや各週末に報告書を提出する必要はありません。

We've moved to a monthly reporting schedule, so I _____ longer _____ to _____ a report at the end of each week.

9 あなたが社会に十分貢献していないと感じているならば、自由な時間にボランティア活動をやってみるべきです。

If you feel you're not _____ enough to society, you _____ to try _____ volunteer work in your free time.

10 新しい雇用指示を遵守するためには、多様な経歴の候補者を惹きつけることが不可欠です。

In order to comply _____ our new hiring directives, _____ vital _____ attract candidates from diverse backgrounds.

11 調和の取れた職場の雰囲気を作りたいのなら、同僚とさらに信頼し合える関係を築くようにしなければなりません。

You _____ try to develop a more _____ relationship with your colleagues if you want to establish a _____ working atmosphere.

12 輸入規定へのどのような変更でも、部署の同僚に最新情報を伝える最善の努力に努めるべきです。

You _____ try your _____ to keep your departmental colleagues up to _____ with any changes to import regulations.

HINTS

❶legal counsel「法律顧問」, divulge「漏らす；暴露する」, proprietary information「企業秘密」❷annual leave「年次［有給］休暇」❹code of conduct「行動規範」❺accusation「告発」❼retain「保存する」❽reporting schedule「報告スケジュール」❿directive「指示；命令」⓬regulation「規定；規則」

Answers —— DL-49

1. As this company's chief legal counsel, it is **incumbent** upon **me** to remind you that it is a **breach** of your NDA to divulge any proprietary information to outside parties.

2. You'd **better submit** your request for annual leave soon, **otherwise** you might miss the deadline.

3. You **mustn't** park your car in this spot **because** it's **reserved** for delivery vehicles.

4. **As** employees, we are **obligated** to strictly **follow** the company's code of conduct.

5. According to the company rules, I'm **required** to **report** any accusations of harassment to the HR department without **delay**.

6. The recent data **leak** is evidence of an **urgent need** to tighten our online security protocols.

7. When **on** a business trip, you **have to** keep a detailed list of all expenses and retain all receipts.

8. We've moved to a monthly reporting schedule, so I **no** longer **have** to **submit** a report at the end of each week.

9. If you feel you're not **contributing** enough to society, you **ought** to try **doing** volunteer work in your free time.

10. In order to comply **with** our new hiring directives, **it's** vital **to** attract candidates from diverse backgrounds.

11. You **must** try to develop a more **trusting** relationship with your colleagues if you want to establish a **harmonious** working atmosphere.

12. You **should** try your **best** to keep your departmental colleagues up to **date** with any changes to import regulations.

第2章 ｜ こなれた表現24 ｜ No.49

50   Merits and Demerits

利点と欠点

1・Check the Phrases

なにかの利点や欠点について話すときに、upside/downside(よい面／悪い面)、strength/weakness(強み；弱み)、plus point/minus point(プラスの点／マイナスの点)、benefit/drawback(利益／欠点)のように、多くの場合ペアで覚えると楽です。

①

One advantage of... is～. …の利点／強みのひとつは～です

利益に言及するときの、**もっとも簡単で一般的な言い回し**。disadvantage(不便；不都合；デメリット)とペアで覚えましょう。

②

The upside of... is～. …のよい面は～です

ビジネスでなにかのアイデアやなんらかのプロジェクトに関して**議論する場面でよく用いられる表現**で、downside(否定的側面；マイナス面)と対を成します。ふたつの語は名詞としてよく用いられますが、形容詞的に upside/downside factors(よい要素；否定的な要素)のようにも用いられます。

③

One of the plus points of... is～. …のプラス面のひとつは～です

plus(プラス)も minus(マイナス)とペアで覚えましょう。このフレーズのように形容詞的にも、One of the pluses/minuses of this idea is...(このアイデアのプラス面／マイナス面のひとつには…があります)と、名詞でも使われます。

置き
換え　● **points** → **aspects**(側面)、**elements**(要素)、**considerations**(考慮すべき事柄)、
　　　　　factors(要因)

④

On the plus/minus side, ... プラス／マイナスの面としては…

このように副詞句で物事のメリットとデメリットを述べることもできます。メリットとデメリットの両方を同時に述べる場面では、<u>In the plus column</u> we have... while <u>in the minus column</u> we have〜.（プラスの列には…があって、一方でマイナスの列には〜があります）といった表現をよく耳にします。

5

One strong point of... is〜. …のひとつの強みは〜です

対となる weak point と同様、とてもよく使われるフレーズ。名詞形で、strengths and weaknesses of...（…の強みと弱み）のようにも使われます。

6

One positive aspect of... is〜. …のひとつのプラス面は〜です

とてもよく使われるフレーズ。対の意味になる negative aspect（マイナス面）とあわせて覚えましょう。

7

One benefit of... is〜. …のひとつの利点は〜です

benefit（利点）は、対義語の drawback（欠点）といっしょに覚えましょう。形容詞 beneficial（有益な；助けとなる）もよく使われます。beneficial の対義語は adverse（不都合な；逆方向の）で、beneficial/adverse effects（有益／有害な影響）のように使います。

8

One shortcoming of... is〜. …のひとつの欠点／短所は〜です

drawback（欠点）のように、この語は、benefit の対義語であると考えられます。類似した意味の語は limitation（弱み；制約）です。

9

The pros and cons of... …の良い点と悪い点／賛否両論

ここまでに紹介したものとは少し異なり、pros and cons というセットの形でよく用いられます（たまにバラバラで登場することもあります）。

2 · Fill-in-the-Blank Training

1 その市場調査の弱点のひとつは、もっぱら巨大な大都市エリアだけに焦点を当てたことです。

_____ limitation of the marketing study was _____ it focused
_____ on large metropolitan areas.

2 その発売戦略の巨大な利点は、わが社が、この種の製品を市場に出す最初の会社となることです。

One _____ advantage of the _____ strategy is that it will
make us the _____ to market with this kind of product.

3 会社の製品ライン拡大のもっとも明確なマイナス面は、製造能力のセットアップ費用です。

The _____ obvious _____ aspect of expanding our product line
is the setup cost for the _____ capability.

4 候補者の多くの強みのひとつは、彼女の中国語と英語、両方の流暢さです。

_____ of the candidate's many _____ points is her _____ in
both Chinese and English.

5 ロバートのマネージャーとしてのおもな欠点は、部下からの提案をあまり聞こうとしないことです。

Robert's chief _____ as a manager is his _____ to
listen to suggestions from his _____.

6 プラス面として、私たちはこれまでで最大の利益を上げましたが、マイナス面としては、支出もまたかなり上昇しました。

On the plus _____, we made our largest ever profit, but _____ the
_____ side, our expenses also rose considerably.

7 取引の良い面は、中長期的なかなりの利益です。マイナス面は短期的に利益がほとんどないかゼロであることです。

The _____ of the deal is the considerable mid- to long-term
benefit; the downside is _____ or _____ profit in the short term.

8 計画のおもな欠点は、商品価格の変動リスクを完全には織り込んでいないことです。

The _____ drawback of the plan is that it fails to _____ incorporate
the risk of _____ commodity prices.

9 財務レポートから引き出せる重要な結論のひとつは、インフレの弊害がいまや完全に明らかであることです。

One important _____ we can draw from the financial report is
that the _____ effects of inflation are now fully _____.

10 彼の強みは新たなチャレンジを進んで受け入れることですが、一方で彼の弱点は細かな点への注意が十分ではないことです。

His _____ is a willingness to take on new challenges, while his _____ is insufficient _____ to detail.

11 議事の次の項目は今年アプリの更新版を発売することに関する賛否を評価することです。

The next item on the agenda is to _____ the _____ and _____ of launching an updated version of the app this year.

12 提案されている提携の有益な効果のひとつは、若い購買層にアピールする方法を与えてくれることです。

One _____ effect of the _____ tie-up is that it will give us a _____ to appeal to a younger demographic.

HINTS ❶marketing study「市場調査」❷market「市場に出す；売りに出す」❸incorporate「組み入れる」, commodity prices「商品価格・相場」❾financial report「財務報告書」❿willingness「進んですること；自発性」⓬ demographic「消費者層；購買層」

1. **One** limitation of the marketing study was **that** it focused **exclusively** on large metropolitan areas.
2. One **massive** advantage of the **launch** strategy is that it will make us the **first** to market with this kind of product.
3. The **most** obvious **negative** aspect of expanding our product line is the setup cost for the **manufacturing** capability.
4. **One** of the candidate's many **strong** points is her **fluency** in both Chinese and English.
5. Robert's chief **shortcoming** as a manager is his **reluctance** to listen to suggestions from his **subordinates**.
6. On the plus **side**, we made our largest ever profit, but **on** the **minus** side, our expenses also rose considerably.
7. The **upside** of the deal is the considerable mid- to long-term benefit; the downside is **little** or **no** profit in the short term.
8. The **major** drawback of the plan is that it fails to **fully** incorporate the risk of **fluctuating** commodity prices.
9. One important **conclusion** we can draw from the financial report is that the **adverse** effects of inflation are now fully **evident**.
10. His **strength** is a willingness to take on new challenges, while his **weakness** is insufficient **attention** to detail.
11. The next item on the agenda is to **evaluate** the **pros** and **cons** of launching an updated version of the app this year.
12. One **beneficial** effect of the **proposed** tie-up is that it will give us a **way** to appeal to a younger demographic.

第2章 ― こなれた表現 24 ― No. 50

No.28
意見を求める
(p.122)

❶ Could you share your thoughts on this with us?
(この件に関するあなたの考えをシェアしてもらえますか？)

❷ What's your take on...? (…に関する君の見解は？)

❸ I would be eager to hear your perspective on...
(…に関してぜひあなたの見解を聞きたいのですが)

❹ Your input on this would be greatly appreciated.
(これについてあなたのご意見をいただけると、とてもありがたいです)

❺ Feel free to make a contribution whenever you like.
(いつでも自由に発言してください)

❻ Please don't be shy. We'd like to hear what you have to say about... (どうぞご遠慮なく。私たちは…についてのあなたのご意見を伺いたいのです)

❼ We really value your opinion, so please let us know what you think about...
(あなたのご意見はとても貴重ですから、…についてのお考えを教えてください)

No.12
噂を伝える
(p.56)

❶ I heard from... that〜. (…から〜と聞いたんです)

❷ I heard a rumor that... (…という噂を耳にしました)

❸ I heard from a reliable source that... (信頼できる情報源から…と聞きました)

❹ According to... (…によると)

❺ Apparently, ... (どうやら…らしいです)

❻ This could be completely untrue, but... (完全に嘘かもしれないけれども…)

No.26
行うべきことを
思い出させる
(p.112)

❶ Remember to/that... (…するのを忘れないで／忘れないで…してね)

❷ Just a friendly reminder to/that...
(…するのを／…を忘れないよう、念のためのお知らせです)

❸ I wanted to jog your memory about...
(…について思い出してもらいたいと思って)

❹ This is (just) a gentle nudge to... (念のためだけど…するのを忘れないで)

❺ I don't want you to overlook/forget...
(…をうっかり見落とさない／忘れないでほしいのです)

❻ It's important to keep in mind that... (…を忘れないことが重要です)

❼ How many times have I told you to/that...?
(…しなさいと／…と、私は君に何度言ったかな？)

か

No.47
確信の
度合いを示す
(p.198)

❶ I have (absolutely) no idea. ([まったく]なにもわかりません)〈0%〉

❷ I'm not sure/certain. (はっきりはわかりません)〈10%−20%〉

❸ I think that... (…だと思います)〈50%〉

❹ I'm reasonably sure/certain that... (まあ…だと確信しています)〈60%−70%〉

❺ It's probable that... (…は、かなりありそうです)〈70%−80%〉

❻ I'm almost certain that... (…だと、ほぼ確信しています)〈80%−90%〉

❼ I'm positive that... (…と確信しています)〈100%〉

❽ There's no doubt in my mind that...
(…ということに、疑問の余地はありません)〈100%〉

No.01
確認する
(p.12)

❶ Sorry, what was that? (ごめん、なんだって？)

❷ Sorry, but I'm afraid I'm not following.
(すみません、申し訳ないけどよくわかりません)

❸ Would you mind if we (just) cleared up a couple of points?
([ちょっと]いくつかの点をはっきりさせていただいてよろしいでしょうか？)

❹ I regret to say I'm not familiar with that idea. Could you break it down for me?
(恐縮ですが、そのアイデアに馴染みがありません。わかりやすく教えていただけますか？)

❺ I'm not sure (if) I caught all of that. I wonder if you could go over it once more.
（全部理解できたか、わかりません。もう一度繰り返していただくことはできるでしょうか）

No.48
仮定して話す
(p.202)

❶ If I were you, I would...（私があなただったら、…するだろう）

❷ (Let's) Suppose that...（…と仮定しよう[しましょう]）

❸ What if...?（もし…だとしたら、どうでしょう?）

❹ If things were different, then...（状況が違っていたとしたら…）

❺ In a hypothetical scenario...（仮定のシナリオでは…）

❻ Let's pretend (for a moment) that...（[ちょっと]…だと装ってみましょう）

❼ If you were to ask me...（もしあなたがたずねるのなら…）

❽ I would have...（…していただろうに）

No.15
感謝の表現と
返事
(p.68)

❶ I really appreciate your help in...
（…を手伝ってくれて、ほんとうに感謝しています）

❷ I don't know what I would have done without you.
（あなたなしでは、私になにができたかわかりません）

❸ Thank you for everything you've done to...
（…するのにあなたがしてくれたすべてに感謝しています）

❹ I can't thank you enough for...（…についていくら感謝しても足りません）

❺ Don't mention it.（気にしないで）

❻ It was no problem.（大丈夫だよ）

❼ It means a lot to me to hear that.（そう聞いて、とてもうれしいです）

No.14
興味を示す
(p.64)

❶ That's really interesting.（とても興味深いですね）

❷ Can/Could you tell me (a bit/a little) more about...?
（…についてもうちょっと話してもらえますか?）

❸ That's a very interesting take on the subject.
（それは、その話題に関するとても興味深い見解ですね）

❹ That's the most amazing story I've ever heard.
（それは私が聞いた中でももっとも驚くべき話ですよ）

❺ I'm really enjoying this, so please go on.
（話をとても楽しんでいるので、どうぞ続けてください）

No.08
許可／承認
しない
(p.40)

❶ I'm sorry, but I can't allow that.（申し訳ないけど、それは許可できません）

❷ I'm afraid that's not possible.（残念ながら、それは不可能です）

❸ I'm not comfortable with that, I'm afraid.
（それは気が進まないんです、申し訳ない）

❹ I don't think that's a good idea.（それがいいアイデアだと思わないんです）

❺ I can't permit that to happen.（それは許可できません）

❻ Sorry, that's not going to happen.（悪いけど、それはあり得ないよ）

No.07
許可を求める
(p.36)

❶ Mind if I sit here?（ここに座ってもいい?）

❷ Is it OK if I use your calculator?（あなたの計算機を使ってもいいかな?）

❸ Would you mind if I open the window?（窓を開けても構いませんか?）

❹ May I offer you something to drink?
（飲み物をお出ししてもよろしいでしょうか?）

No.18
警告する
(p.80)

❶ I wouldn't recommend...（私なら…はお勧めしません）

❷ It's not a good idea to...（…するのはいい考えではありませんよ）

❸ If I were you, I'd steer clear of...（私だったら…は避けるでしょうね）

❹ I'd advise against...（…しないよう助言します）

❺ It's not advisable to...（…するのはお勧めできません）

❻ You'd better (not)...（…した[しない]ほうがいい[さもないと…]）

❼ You'd be crazy to...（…するなんて、どうかしているよ）

機
能
別
索
引

❹ Sorry, but that's someone else's problem, not mine.
（すみませんが、それは私ではなく、ほかの人が対処すべき問題です）

❺ It wasn't my fault.（それは私のせいじゃありません）

❻ You can't hold me accountable for that.
（その責任を私に追わせることはできませんよ）

❼ I had no say in what happened.
（起こったことは、私の手に負えることではありませんでした）

❶ Would you like/prefer A or B?（AがいいですかそれともB?）

❷ You can choose between A and B.（AとBから選べます）

❸ I hate to rush you, but...（急かしたくはないのですが…）

❹ I've chosen/selected...（…を選びます）

❺ I've made up my mind to...（…することを決心しました）

❻ (I'm not sure, but) I'm inclined to...
（[わからないけど]なんとなく…したいかなぁ）

❶ How about...?（…はどう?）

❷ You should try...（…を試してみるべきだよ）

❸ Another option would be to...（ほかの選択肢は…することでしょうね）

❹ What if...?（…だとしたら、どうでしょうか?）

❺ Have you considered trying...?（…を試すことは考えてみましたか?）

❻ Would you be open to...?（…は受け入れられるでしょうか?）

❼ I suggest you explore...（あなたが…を調べてみることを勧めます）

❶ find middle ground（妥協点を見つける）

❷ a process of give and take（歩み寄りの過程）

❸ make a trade-off（取引する；妥協する）

❹ make mutual concessions（相互に歩み寄る）

❺ strike a balance（バランスを取る；うまく両立させる）

❻ bridge the gap（ギャップを埋める）

❼ a mutually beneficial solution（互恵的な解決[策]）

❽ a win-win outcome（双方が満足できる結果）

❾ a non-zero-sum game（ノンゼロサム／非ゼロサムゲーム）

❶ What are your thoughts on...?（…について君の考えは?）

❷ I'd like to consult with you about...
（…についてあなたにご相談したいのですが）

❸ I would greatly appreciate it if you could share your expertise
on...（...に関するあなたの知識をシェアしていただけると誠にありがたいのですが）

❹ Can you provide me with some guidance on...?
（…に関してご指導いただけますか?）

❺ Can we explore some approaches regarding...?
（…に関して、いくつかアプローチを検討できるでしょうか?）

❻ I'd like to pick your brain about...
（…についてあなたのお知恵を拝借したいのですが）

❼ If you could find time in your busy schedule, ...
（お忙しいスケジュールの中で時間を見つけていただけるようでしたら…）

❶ Do you know anything about...?（…についてなにか知っていますか?）

❷ Can you provide me with some information on...?
（…に関して少々情報を提供してもらえますか?）

❸ Are you familiar with...?（…には詳しいですか?）

❹ I was wondering if you knew anything about...

(…についてなにかご存知かなぁと思っていたのですが)

❺ Can you shed any light on...?(…についてなにか手掛かりをいただけますか？)

❻ I'd like to know something about...(…について少々知りたいのだけれど)

❶ How can/do I display this information in a table?
(どうすればこの情報を表に入れて表示できますか？)

❷ Could you tell me how to access the database?
(データベースへのアクセス法を教えていただけますか？)

❸ Do you have any idea how I can calculate the shipping costs?
(どうすれば送料を計算できるかわかりますか？)

❹ I was wondering if you knew how to file a tax return.
(あなたが納税申告の仕方をご存知かなあと思っていたのですが)

❺ I'm sorry to trouble/bother you, but I was wondering if you could (possibly) summarize the finance report for me.(ご面倒をおかけして恐縮ですが、[ひょっとして]財務報告書を要約してもらえないかなぁと思っていたのですが)

❶ Are you free on... to〜?(…に〜する時間はある？)

❷ Would you be available on... to〜?(…に〜することはできますか？)

❸ Do you think you might have some time to... on〜?
(もしかして〜に…する時間はあると思いますか？)

❹ How is your schedule looking on...?
(…のあなたのスケジュールはどうですか？)

❺ Of course. I'd be happy/glad to...(もちろん。よろこんで…しますよ)

❻ Sorry, that's no good for me.(悪いけど、都合が合わないよ)

❼ Sorry, bad timing.(ごめん、タイミングが合わないね)

❽ That's going to be a bit difficult, I'm afraid.
(それはちょっと難しいですね、申し訳ない)

❾ I'm terribly sorry, but...(ほんとうに申し訳ないんですが...)

❿ I'm sorry, but I already have plans.(すみませんが、すでに予定があるんです)

❶ What do you suggest?(あなたはなにを勧めますか？)

❷ Can you give me some ideas/advice on how to...?
(…の仕方についてアイデア／アドバイスをもらえますか？)

❸ I'm at a bit of a loss regarding... Do you have any advice you can give me?(…に関して少々困っているんです。いただけるアドバイスはありますか？)

❹ Do you have any thoughts on...?(…についてなにか考えはある？)

❺ Could you offer some recommendations on...?
(…に関して少々ご提言いただけますか？)

❻ What would you do if...?(もし…だったら、あなたならどうなさいますか？)

な

❶ This conversation is just between the two of us.
(この会話はわれわれの間だけのものです)

❷ Can we speak in confidence?(内密に話をしてもいいですか？)

❸ I trust you won't share what I'm about to say with anyone else.
(お話しすることを、あなたがほかのだれにも共有しないと信用していますよ)

❹ Can you promise not to share this information with anyone else?
(ほかのだれにもこの情報を共有しないと約束してもらえますか？)

❺ I need to tell you something in the strictest confidence.
(ほんとうに内密に、あなたに話す必要があるのだけれど)

❻ I'm sharing something delicate with you, so please keep it private.
(細心の注意を要することを話すので、内密にしてください)

❼ I know how much you value discretion, so I feel confident in sharing

this with you.（あなたがどれほど慎重さ[口の固さ]を重んじているかわかっています
から、自信を持ってこれをあなたと共有します）

❽ I know you're not the kind of person who will blab, so I'm sharing
this with you.
（あなたが秘密を漏らすような人じゃないのはわかっているから、この話を共有するんだが）

❻ I'm (feeling) (so) relieved about... (…のことで[とても]ほっとしています)

❼ Thank goodness for that. (ああ、よかった)

❽ That's a real weight off my shoulders. (ほんとうに肩の荷が降りました)

❾ I can finally breathe a sigh of relief. (やっと安堵の吐息がつけます)

❿ You have no idea how relieved I feel to...
(…して、どれほど安心したか、あなたにはわからないでしょうね)

No.46
不確実性／
推測を表現する
(p.194)

❶ I don't know. (知らない；わからない)

❷ I have no idea. (まったくわからないよ)

❸ It's hard to say/judge. (なんとも言えないねぇ；判断しづらいねぇ)

❹ It's anyone's guess. (だれにもわからないよ)

❺ Perhaps. (おそらく；多分)

❻ I would say that... (…かなぁ)

❼ I'm guessing that... (…と推測しています)

❽ It seems likely that... (…はありそうですね)

No.17
不満の訴えと
不満への対応
(p.76)

❶ I have a complaint about...… (…について苦情があります)

❷ I'm (really) dissatisfied with... (…が[とても]不満です)

❸ There's something I need to bring to your attention.
(あなたに知ってもらうべきことがあるのです)

❹ I'm sorry to say this, but... (こう言うのは恐縮ですが…)

❺ I apologize for... (…についてお詫びいたします)

❻ Thank you for bringing this to my attention.
(これに気づかせていただきありがとうございます)

❼ I understand how frustrating this must be (for you).
([あなたにとって]これがどれほどいらいらすることか理解しております)

❽ I'm very sorry to hear that. Let me see how I can help you.
(それは誠に恐縮です。どのようにお手伝いできるか考えさせてください)

❾ I'll pass on your comments to the appropriate person.
(お客様のご意見を相応しい者にお伝えいたします)

や

No.10
要求の
受け入れと断り
(p.48)

❶ Sure, no problem. (もちろん、問題ないよ)

❷ Yes, I'm happy to help. (ええ、よろこんで手伝いますよ)

❸ I'd be delighted to... (よろこんで…いたしますよ)

❹ I'm sorry, but I can't help. (すみませんが、手伝えません)

❺ I'm sorry, but there's no way I can do that.
(すまないけれど、それはできません)

❻ I'm sorry, but I have to decline. (申し訳ありませんが、お断りせざるを得ません)

❼ I'd love to help, but I'm afraid I have another commitment.
(お手伝いしたいのですが、残念ながら別の用件がありまして)

No.05
予定を確認／
変更する
(p.28)

❶ Can I confirm that we're meeting on...?
(…のミーティング予定を確認してもいいですか？)

❷ Let me reconfirm the details of our meeting.
(ミーティングの詳細を再確認させて)

❸ I wonder if we could reconfirm the details of...
(…の詳細を再確認させていただけるでしょうか)

❹ I need to change the date and time of our meeting.
(ミーティングの日時を変更する必要があるんだ)

❺ Something has come up and I can't make our meeting. Could we
possibly reschedule? (急用ができてしまい、打ち合わせに行くことができないんだ。
予定を変更することはできるだろうか？)

❻ I'm terribly sorry, but I'm afraid I won't be able to make our meeting tomorrow. Would you mind very much if we rescheduled? (ほんとうに申し訳ないのですが、残念ながら明日の打ち合わせに行くことができません。予定を変更させていただいても、問題はございませんでしょうか?)

ら

No.36
理解と誤解
(p.154)

❶ OK, I've got it. (うん、わかった)

❷ I get the picture. (わかるよ)

❸ I've grasped the concept. (考え方は理解したよ)

❹ I'm afraid you've got it wrong. (すまないけど、誤解しているようだね)

❺ That's not (quite) what I meant.
(私が言いたかったことと、[ちょっと]違うんだよね)

❻ I'm sorry if I didn't make myself clear. (私の説明不足だったらごめんなさい)

❼ I believe there might be some misunderstanding here. (ここで、ちょっと誤解があると思うんですが)

❽ I think you've got hold of the wrong end of the stick. (あなたは誤解していると思います)

No.50
利点と欠点
(p.210)

❶ One advantage of... is〜. (…の利点／強みのひとつは〜です)

❷ The upside of... is〜. (…のよい面は〜です)

❸ One of the plus points of... is〜. (…のプラス面のひとつは〜です)

❹ On the plus/minus side, ... (プラス／マイナスの面としては…)

❺ One strong point of... is〜. (…のひとつの強みは〜です)

❻ One positive aspect of... is〜. (…のひとつのプラス面は〜です)

❼ One benefit of... is〜. (…のひとつの利点は〜です)

❽ One shortcoming of... is〜. (…のひとつの欠点／短所は〜です)

❾ The pros and cons of... (…の良い点と悪い点／賛否両論)

No.35
理由を
たずねる／
説明する
(p.150)

❶ Why did you...? (どうして…したのですか?)

❷ Can you explain the reasoning behind...?
(…の背後にある理由をご説明いただけますか?)

❸ I'm curious about why... (なぜ…なのかについて興味があるのです)

❹ Could you elaborate on the factors behind...?
(…の背景にある要因を詳しく述べていただけますか?)

❺ I did it because... (…なので、そうしたのです)

❻ The rationale for... was〜. (…の根拠は〜でした)

No.37
理解していない
と言う・
明確化を求める
(p.158)

❶ I'm sorry, but could you please repeat that?
(すみませんが、繰り返していただけますか?)

❷ I'm afraid I didn't quite catch that. Could you explain it again, please?
(すみませんが、よく掴めませんでした。もう一度繰り返していただけますか?)

❸ Sorry, but I'm having difficulty grasping the concept of... Could you try explaining it again, please? (すみませんが、…のコンセプトを掴むのに苦労しています。もう一度ご説明してみていただけますでしょうか?)

❹ I'm sorry, but I'm all at sea here. Could you try explaining it a bit more simply, please? (すみませんが、いま完全に混乱しています。もう少しシンプルにご説明してみていただくことはできますでしょうか?)

機能別索引

音声ダウンロード・ストリーミング

① PC・スマートフォンで本書の音声ページにアクセスします。
　 https://www.sanshusha.co.jp/np/onsei/isbn/9784384050226/
② シリアルコード「05022」を入力。
③ 音声ダウンロード・ストリーミングをご利用いただけます。

編集協力	本多真佑子
カバー・本文デザイン	喜來詩織（エントツ）
DTP	小林菜穂美

今すぐコミュニケーションに磨きがかかる600例文
会話を洗練させる英語表現集

2024 年 4 月 20 日　第 1 刷発行

著　者	ビル・ベンフィールド
訳　者	長尾和夫
発行者	前田俊秀
発行所	株式会社三修社

　〒 150-0001　東京都渋谷区神宮前 2-2-22
　TEL 03-3405-4511　FAX 03-3405-4522
　振替 00190-9-72758
　https://www.sanshusha.co.jp
　編集担当　黒田健一

印刷製本	日経印刷株式会社

©Bill Benfield, A+Café, Mayuko Honda 2024 Printed in Japan
ISBN978-4-384-05022-6 C2082